図解 国語授業デザイン

Graphical Explanation

JN037552

深い学びの基礎をつくる51の教養

宍戸寛昌[著]

明治図書

はじめに

　マニアックな国語教室にようこそ！

　さて皆さん，以下の図はある物語を表したものです。何だと思いますか？

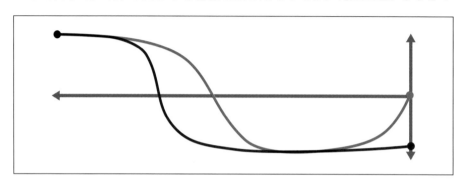

　答えは「お手紙」でした。縦軸に幸福度，横軸に時間の流れを配して，黒
線ががまくん，赤線はかえるくんの心情とすると，何となく曲線の上下動に
納得できる部分が見えてきませんか。アメリカの小説家，カート・ヴォネガ
ットが「よくできた物語はグラフに起こすことができる」と説いていますが，
テキスト上では複雑な構成に思える物語も，要素を抜き出して図にすること
ですっきり分かりやすくなるのです。さらに，物語の面白さの肝と言える部
分（「お手紙」であれば"2人の心情のずれ"）も可視化されます。

　もちろん物語の読解以外の授業にも図解による可視化は有効です。それは
図解が以下のような"強み"をもっているためです。

　・思考のプロセスを整理して単純化できる
　・相互関係やイメージを自然に，簡潔に伝えられる
　・受け手に「自分事」としての強い印象を残し，理解度を上げられる

　昨今，「思考ツール」をはじめとする図解の手法が，授業で日常的に活用
されつつあるのも，このような強みが意識されてきたためでしょう。

もちろん図解を用いることにはデメリットもあります。

> ・本来の情報が削減されてしまう
> ・図の見方によって誤解を招くことがある
> ・何となく，分かったつもりになってしまう

　特に３つ目の「分かったつもり」で授業が進むことへの恐れは大きく，国語ではあえて図解を避ける教師がいるほどです。また，自分には図解のセンスが無いと，最初からテキストのみで授業を進める教師も見受けられます。
　しかし，図解による理解は文章による理解と相反するものではありません。むしろ相補関係にあると考えるべきなのです。

> 　人がものを十全に理解するのは，思考対象を "線状的ロジック" である文章（シナリオ・ストーリー）で理解することと，"構造的ロジック" である図解で理解することの双方が揃ってこそ可能になる。
> 　　　　　　　　波頭亮『論理的思考のコアスキル』（筑摩書房）

　ここまで説明しておいて心苦しいのですが，本書は国語指導に図解を取り入れることを勧めるものではありません。様々な書籍や教師の実践で語られてきた国語授業づくりのコツを，図解しようと試みたものです。その取捨選択にはわたし自身の授業観が大きく影響しておりますし，図解による誤解や省略を避けるため，単純化とは程遠い，くどい図になっていることも否めません。それでも，図解によって様々な指導内容や手法をずいぶん明確に表すことができたと自負しております。あなたの明日の国語の授業がますます面白いものとなる一助としてご活用いただければ幸いです。

2023年３月

宍戸寛昌

CONTENTS
もくじ

第3章 話すこと・聞くことの指導

第4章 書くことの指導

第5章 読むこと（説明的文章）の指導

第6章　読むこと（文学的文章）の指導

第7章　読むこと（詩）の指導

第8章　言語事項の指導

第1章　単元づくり

01

育みたい「ことばの力」を明らかにする

1 「ことばの力」を設定する意味

　国語の授業を行う最大の目的は，当然ながら子どもに国語の力をつけることにあります。しかし，この国語の力とは何かを明らかにするのは簡単ではありません。もちろん，学習指導要領が規準にはなるのですが，書かれている内容が抽象的・網羅的に過ぎます。教師自身がもつ授業観や児童観等とすり合わせながら，国語の力が発揮された具体的な子どもの姿としてイメージしなければ，日々の授業でどのような力が育まれているのかを見取ることはできないでしょう。このような，授業者により具体化・最適化された国語の力を「ことばの力」と名付け，自らの裡にもつことを授業づくりの第一歩としましょう。あなたは，子どもにどんな「ことばの力」を育むのですか？

2 「ことばの力」を生み出す2つの視点

①何を育まねばならないのか

　学習指導要領はもちろんのこと，諸外国の教育動向や，産業界からの要請，各種研究機関のデータ，先行実践など，今の国語教育に求められている "流行" を適時・的確に学ぶことで育むべき力が見えてきます。

②何を育みたいのか

　これまでの実践と省察から得られた授業観・教材観・児童観といった価値観を自らの "不易" として明らかにしておく必要があります。「わたしが国語の授業で大切にしているのは〜」という言語化から始めましょう。

3 「ことばの力」設定の具体

　元筑波大学附属小学校の二瓶弘行先生の「いずれ独り立ちする子どもたちだからこそ，ひとり読みの力を」という言葉が，いつもわたしの胸にあります。だからこそわたしの「観」の根底には「自ら国語の独学へと向かう子どもをいかに育てるか」という問いがあるのです。片足を自らの「観」におくことによって，10年ごとに変わる学習指導要領にも柔軟に対応することができました。例えば，2017年の学習指導要領で出てきた「言葉による見方・考え方」を咀嚼する際にも，求める独学の姿から「自ら言葉と言葉，言葉と対象をつなぎながら，言葉の解像度を上げていくような，自分なりの"意味付け"をしていくイメージ」と捉えていったのです。

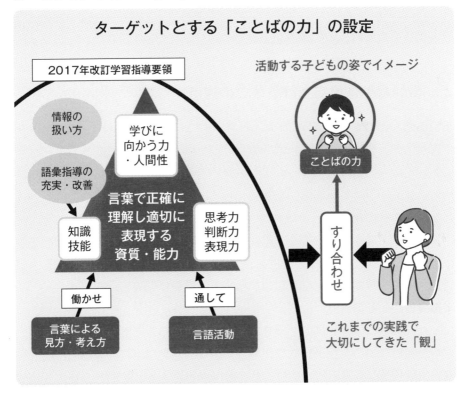

ターゲットとする「ことばの力」の設定

2017年改訂学習指導要領

活動する子どもの姿でイメージ

情報の扱い方

学びに向かう力・人間性

語彙指導の充実・改善

言葉で正確に理解し適切に表現する資質・能力

知識技能

思考力判断力表現力

ことばの力

すり合わせ

働かせ

通して

言葉による見方・考え方

言語活動

これまでの実践で大切にしてきた「観」

02

3つの視点から
教材の解像度を上げる

1 教材の解像度を上げるという見方

　目の前の子どもに育みたい「ことばの力」が形になり，いよいよ授業づくりを始めようという時に，まず大切になるのが教材研究です。様々な先行実践を調べたり，教育書を読んだりする場合が多いでしょうが，なかなか教材への理解が進まないと感じたことはありませんか？ 穴を深く掘る時のように，少しずつ教材への解像度を上げるイメージをもちましょう。

2 教材の解像度を上げる3つの視点

①いち個人としての視点

　まずは先入観なく，素の状態で教材に出合いましょう。読む教材ならば声に出して読み，書く教材ならば実際に書いてみます。この時に感じた面白さや難しさといった素直な思いを言語化しておくことが大切です。

②学習者からの視点

　我がクラスの子どもの視点で再度教材に当たります。これまでの学びを思い起こし，「きっとここに面白さを感じるな」「ここは一度では理解できないだろう」と仮想のやりとりをしながら多角的に教材を見ていきます。

③指導者としての視点

　①と②の教材研究を基に，授業を進める視点からさらに解釈を深めます。理解が進まないことが予想される部分，必ずおさえなければならない部分などを想定していくことで，教材の解像度はもっと上がっていきます。

3 教材の解像度を上げる具体例

　例えば「スイミー」（東京書籍1年）の授業を行う，ひと月前から教材研究を始めるとします。これまで何度も読んできた教材であっても，あらためてフラットな目で読んでみます。すると，今まで気付かなかった言葉の使い方を見つけたり，違う箇所に心が動いたりします。それらの細かい気付きをメモしながら，2度目の読みに向かいます。これまで何度も読んできた自分と違い，初めて読む子どもには分からない部分が多いことでしょう。「ブルドーザー」すら知らないかもしれません。その分，初めて出合う感動も大きいはずです。それらを基に，考えさせたい解釈の肝や，声に出して読ませたい言葉など，指導の重点を考えながら繰り返し読んでいくのです。

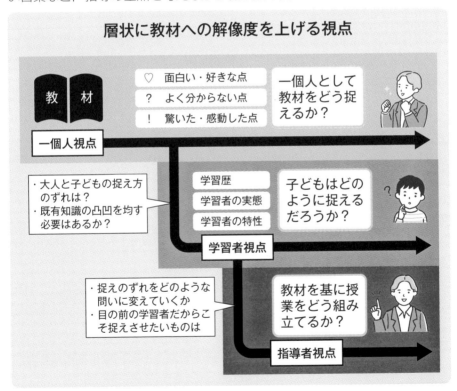

層状に教材への解像度を上げる視点

教材

♡　面白い・好きな点
?　よく分からない点
!　驚いた・感動した点

一個人として教材をどう捉えるか？

一個人視点

・大人と子どもの捉え方のずれは？
・既有知識の凸凹を均す必要はあるか？

学習歴
学習者の実態
学習者の特性

子どもはどのように捉えるだろうか？

学習者視点

・捉えのずれをどのような問いに変えていくか
・目の前の学習者だからこそ捉えさせたいものは

教材を基に授業をどう組み立てるか？

指導者視点

03

3つの視点から
子どもの実態を捉える

1　国語の授業に生かす子どもの実態

　皆さんは学習指導案をつくる時，「児童観」にどのようなことを書いていますか？　事前アンケートやレディネステスト結果のようなデータでしょうか。それとも「授業に意欲的に取り組んでいる」「読解に個人差がある」といった全体の印象でしょうか。もしくは意図的に抽出した子どもの学びのエピソードを載せているかもしれません。いずれも**授業を組み立てる上で子どもの実態把握が大切であるという認識は共通しているものの，捉え方が異なります**。果たして，国語科における子どもの実態とは何を指すのでしょうか。

2　子どもの実態を捉える3つの視点

①学び方の特性

　これまでの授業から見えてきた，学級の子どもたちに有効な指導法や活動を振り返りながら言語化しましょう。もちろんこの視点を得るためには，これまでの実践や活動記録を累積しておく必要があります。

②学習履歴

　同じ領域の系統性から見た子どもの学習履歴を振り返りましょう。これから行う単元でどのような学びの積み上げが必要かが見えてきます。

③言語生活・環境

　国語の学習を支える，子どもの言語生活や環境からも実態を捉えましょう。ICT の活用や漢字・語彙の習熟状況への対応が見えてきます。

3 子どもの実態を捉える実際

　引き続き「スイミー」（東京書籍1年）の単元計画を例に考えてみます。「スイミー」は3月に位置付けられていますが，子どもは12月に「おとうとねずみチロ」を，10月に「サラダでげんき」を学んでいます。それぞれ，場面ごとの人物の様子を想像しながら読んできたという学びの経験がありますから，「スイミー」の好きな場面を選んで紹介する言語活動につなげることができるでしょう。また，これまでの学びで効果的だった，吹き出しを用いて人物に語りかける毎時間のまとめが今回も使えそうです。ただし，みんなの前で音読することを恥ずかしがる子どももいますので，音読の形態に新たな工夫が必要かもしれません。あわせて，レオ・レオニの絵本を読んでいる子どもがいないか図書室の貸し出しカードもチェックしておきましょう。

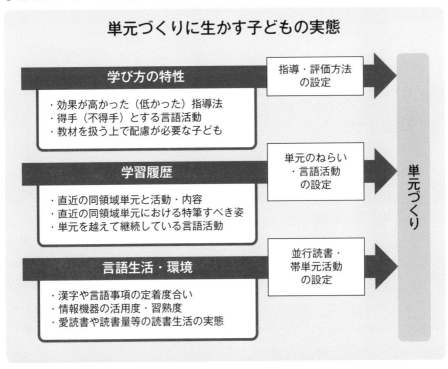

単元づくりに生かす子どもの実態

学び方の特性
・効果が高かった（低かった）指導法
・得手（不得手）とする言語活動
・教材を扱う上で配慮が必要な子ども

→ 指導・評価方法の設定

学習履歴
・直近の同領域単元と活動・内容
・直近の同領域単元における特筆すべき姿
・単元を越えて継続している言語活動

→ 単元のねらい・言語活動の設定

言語生活・環境
・漢字や言語事項の定着度合い
・情報機器の活用度・習熟度
・愛読書や読書量等の読書生活の実態

→ 並行読書・帯単元活動の設定

→ 単元づくり

04

単元を貫き
更新していく問いを設定する

1 単元をデザインするということ

　国語では，単元レベルで授業を構想する意味を特に大切にしましょう。１つの物語をクラス全員で数時間かけて読む，題材集めから推敲まで数時間かけて作文を書くのが単元です。多くの活動時間をどう生かすかを考える時，**子どもが学びに浸り，友だちと協同し合う場をつくろうとする教師の構えが必要となる**のです。そして，子どもの側にも単元を通して学びを深めようとする意識が求められます。その原動力となるのが "問い" なのです。

2 単元を貫く問いと中心となる言語活動

①単元を貫く問い

　子どもの主体性を大切にし，探究する姿を求めていくには「単元を貫く問い」を設定することが必要です。この問いは単元の学びが進むにつれ，どんどん更新され，子どもに最適化されなければなりません。

②中心となる言語活動

　習得と活用の関係をより明確にするために，「単元を貫く言語活動」を設定する方法もあります。これは３次で行う言語活動をあらかじめ子どもに提示することで，２次の学びで身につけるべき力が明確になるよさがあります。しかし，「本を紹介する帯をつくるために『ごんぎつね』を読む」と「『ごんぎつね』で得た視点を生かして本の帯をつくる」の違いのように，方法と目的が逆転してしまう場合があります。

3 単元を貫く問いの実際

　ここでも「スイミー」（東京書籍１年）の単元計画を例に考えてみます。場面の様子と人物の行動を基に，登場人物の内面を想像しながら読む力を育むことをねらいとします。「スイミー」がもつ教材のよさを生かしながら，主人公の特別性に気付いていけるような問いを設定しました。１次ではこれまでに読んだ教科書教材や絵本の主人公を例に挙げながら，**「物語の主人公になるのはどんな人物かな？」**という問いを見いだす姿を求めます。２次では，スイミーの設定に着目させ，最初は外見や能力の違いが目立っていたのに，場面を追うにつれ内面のリーダー性が際立つ様子を読んでいきます。「スイミー」を読む中で見つけた主人公を見る視点が，そのまま３次の「他の物語でもそうなのかな？」という問いへと更新されていくのです。

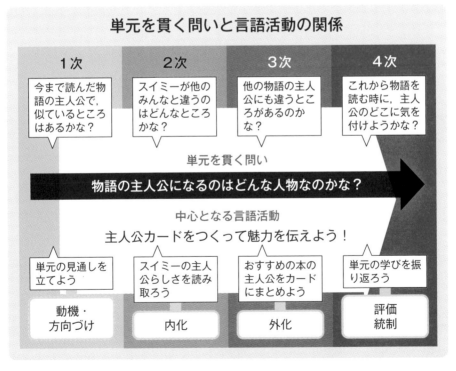

単元を貫く問いと言語活動の関係

１次	２次	３次	４次
今まで読んだ物語の主人公で，似ているところはあるかな？	スイミーが他のみんなと違うのはどんなところかな？	他の物語の主人公にも違うところがあるのかな？	これから物語を読む時に，主人公のどこに気を付けようかな？

単元を貫く問い

物語の主人公になるのはどんな人物なのかな？

中心となる言語活動
主人公カードをつくって魅力を伝えよう！

単元の見通しを立てよう	スイミーの主人公らしさを読み取ろう	おすすめの本の主人公をカードにまとめよう	単元の学びを振り返ろう
動機・方向づけ	内化	外化	評価統制

05

ICT の活用局面を構想する

1 ICT は活用することが当たり前だが…

　1人1台の配架が進み，タブレット端末はすっかり学習用具の1つに定着しました。この状況に伴い，ICT を授業にどのように取り入れようかという意識が，使うのは当たり前で，よりよく使うためにどうするかへと変わってきているように感じます。ただし，タイピングが漢字の習熟にはつながらないように，人工音声が発表の代替にならないように，国語の授業だからこそ，大切にしたいアナログな活動もあります。単元で，授業で，活動場面で，**ねらいとする「ことばの力」を育むために適した活動が何かを明確にすることが，デジタルとアナログを使い分ける前提**であることを胸に刻みましょう。

2 デジタル・アナログのよさと授業局面

①デジタルに向く授業局面

　動画やデジタル資料を用いたダイナミックな視覚化。付箋を配付して回収して分類してラベルをつけて…という活動がすべてタブレット上で行える時短化。多種・雑多な情報に即アクセスできる集積化など，学習活動の効率を求めるあらゆる場面で活用が可能です。

②アナログに向く授業局面

　あらたまった手紙を書く，色紙に詩とイラストを描いて作品にするなど手書きのよさを感じさせたい時に有効です。また，言語事項の習熟にも有効ですが，これはノートだけでなくタブレット上でも可能です。

3 授業におけるICT活用局面の実際

　授業の導入でICTの視覚化はとても有効です。スライドで活動時間のあらましを示したり，活動のモデルとなる発表や話し合いの様子を動画で見せたりするだけで，子どもは本時の見通しや課題意識をもつことができます。ただし，本時のめあて（問い）や教材名といった常に示しておきたい情報は，板書しておきましょう。

　話し合いといった授業の展開では，ICTの時短化が役立ちます。意見をタブレット上のカードに書かせ，提出させたものを全体に表示して分類します。それらを吟味しながら意見を付け足したりまとめたりして，相互理解や合意形成を図るのです。ただし，意見の付け足しやまとめなど活動の分岐点となる箇所は板書しておき，ノートにもまとめさせるようにしましょう。

デジタルとアナログの有効な場面

テキストの入力	板書・ノート	意見の交流・共有	
・段落ごとの移動や消去、複製と貼付が必要な作文の推敲時 ・写真や資料の貼り付け、文の引用が必要なレポート作成時	・動画やスライドなどのダイナミックな資料、個人の意見等を提示する ・共通資料、パフォーマンス動画、活動の過程などはクラウドに保存する	・付箋に書いた意見を集約、比較・検討する ・話し合いの効率化 ・資料を示しながら発表し、聞き手が評価や感想を書いて提出するプレゼンテーションの時短化	デジタルが有効
目的ごとに使い分け	場面ごとに使い分け	ねらいごとに使い分け	
・丁寧な文字で書くことが目的となる手紙や作文の清書時 ・漢字練習や四字熟語、ことわざといった言語事項の基礎的な知識習熟時	・授業の見通しやまとめ、振り返りに生かす ・骨子となる部分を板書する ・学習の肝となる部分は自ら整理しながらノートに書き込む	・合意形成や創意発見といった、複数人で一つの目的に向かって話し合う技能を獲得させたい時 ・聞き手の反応に応じて声の大きさや速さを変える技能を獲得させたい時	アナログが有効

06

縦と横の系統性を明らかにする

1 教科書教材の配置に込められた意図を読み取る

　教科書教材を手引き通りに進める授業を見て，初任者のようだと軽んじる空気を感じることがあります。確かに日本全国のどの教室でも授業ができるように，分かりやすさを重視して作られていますが，それは数えきれないほど多くの人々が吟味・検討した結果であることを忘れてはなりません。特に**教材の系統的な配置は，見れば見るほどよく考えられて作られている**のです。

2 系統性の縦・横・斜めの軸とは

①縦の軸とは

　１年生から６年生までの同じ時期，同じ領域の教材を比較する視点です。特に教材の特徴や言語活動の類似点を見ていくと，学びの経験を螺旋状に累積しながら「ことばの力」を高めていく姿がイメージできます。

②横の軸とは

　１年間で扱う同じ領域の教材を比較する視点です。学習過程を少しずつ変化させながら繰り返す中で，指導事項が徐々に定着・向上していく姿がイメージできます。

③斜めの軸とは

　学年や時期はずれるものの，教材のもつ価値の類似点を比較する視点です。「お手紙」の面白さも「ごんぎつね」の悲しさも，２人の心情のずれという共通点があります。こういった系統性も検討しておきましょう。

3 縦と横の系統性を生かした授業計画の実際

「ちいちゃんのかげおくり」（光村図書３年）の授業を行う場合を例に，系統性を説明します。**縦軸では言語活動や学び方のスパイラル**を意識します。前学年の「お手紙」では読んだことを生かして音読劇をしました。その経験を想起させれば，読んで感じたことや考えたことを感想文に書く活動にスムーズに取り組めるでしょう。これが「ごんぎつね」での感想を話し合う活動につながります。**横軸では指導事項のスパイラル**を意識します。「まいごのかぎ」で指導した場面の移り変わりと人物の心情の変化を意識できるように，共通の指導過程やワークシートを使い，次の「モチモチの木」にも生かせるようにします。「命」をテーマとして読ませるには，１年の「ずうっと，ずっと，大すきだよ」を読んだ時の感想を交流させることも有効です。

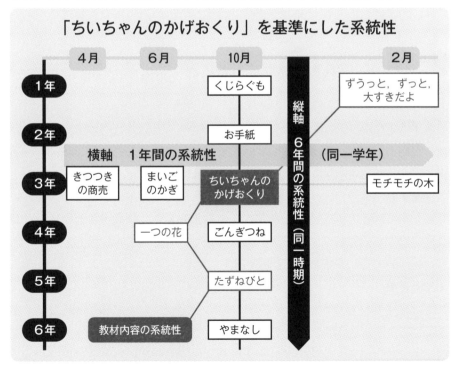

「ちいちゃんのかげおくり」を基準にした系統性

07

方法・場面・基準から
評価計画を立てる

1 評価の基本は「見取り」と「価値付け」

　わたしは評価について考える時，いつも「どうやって子どもを褒めようか」「もっと子どもを認める場面をつくるには」という所から始めます。**単元で最もスポットライトが当たる場面を設定し，そこでたっぷり子どものよさを認めるために，毎時間の活動で内面の「見取り」と「価値付け」を進めるの**です。この繰り返しが人間性の涵養につながるのは言うまでもありません。

2 3つの評価要素で留意すべきこと

①評価方法

　漢字の定着度や読解の深まり具合など，ペーパーテストで定量的に測ることができる方法と，作文の適切な書き振りや発表の工夫の度合いなど，パフォーマンスを定性的に測らねばならない方法に分けましょう。

②評価場面

　単元末に「ことばの力」が発揮された姿を捉える「総括的評価」と，学習過程の途中で見取れたよさをその都度価値付ける「形成的評価」のもつ，スパンと目的の違いを意識して計画しましょう。

③評価基準

　特にルーブリックを用いたパフォーマンス評価では，ABC段階のモデルを示して，子ども自身に向上の目安をもたせるようにしましょう。単元の最初によいパフォーマンスのイメージを共有しておくことも大切です。

3 方法・場面・基準を意識した評価計画の実際

　「聞いてほしいな，心に残っている出来事」（東京書籍４年）の授業を例に，評価計画の作成の仕方を説明します。まず考えるのが，**単元の中で「ことばの力」が十分に発揮されるのはどこか，その時の姿から見えるどのような内面を称賛したいか**です。ここでは，心に残っている出来事を発表する６時目に評価場面を設定します。その時に，場や相手に応じて話し方を工夫する姿が見られるよう，よい話し方のイメージを１時目にルーブリックで共有しておきます。また，発表に向けて準備・練習する姿からその子どものよさを見取り「話すこと・聞くこと」評価計画の構想材料も集めていきます。発表への価値付けは，本人へのフィードバックとなるだけでなく，聞き手の子どもにも，参考とするよいモデルを提示することになります。

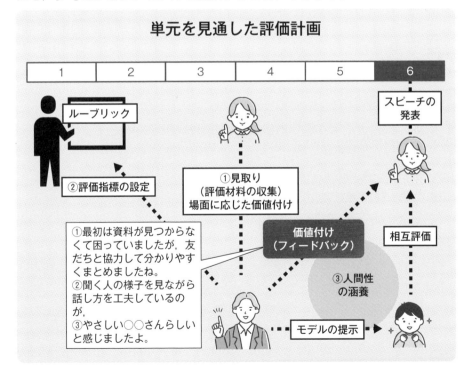

単元を見通した評価計画

08

言語感覚・言語意識を
高める手立てを講じる

1 授業の中で大事にしたい2つのステップ

　国語の授業で「ことばの力」を育む時に，より効果が上がる方法はないのでしょうか？　わたしは，言葉に対するアンテナの感度を上げることが鍵だと考えます。**言葉に対するアンテナとは，「言語感覚」及び「言語意識」と言い換えることができます。**教師がこの2つを働かせる授業場面を意識することで，ことばにこだわり，ことばを大切にする子どもに変わるのです。

2 言語感覚・言語意識の具体

①言語感覚とは

　言語感覚は，ことばの使い方に対する直観的な反応の仕方です。
　・「正誤」…言語規範に合っているかを見極める
　・「適否」…言語の使い方の妥当性を判断する
　・「美醜」…微妙なニュアンスを敏感に捉える
　言語感覚は子どもそれぞれの主体的・個性的な言語能力と言えます。

②言語意識とは

　言語活動を通して言語能力を高める国語科の特性上，話し合い活動では「正確さ」「ふさわしさ」「分かりやすさ」「敬意と親しさ」という4つの要素を生かし，「相手」「場面」「目的」「方法」「評価」という5つの言語意識を育むことが大切になります。これらは「相互理解」「合意形成」「創意発見」という目的に応じた話し合いの中で高めることができます。

3 言語感覚・集団意識を生かした授業計画の実際

　「ごんぎつね」（東京書籍4年）で，最初と最後の場面を比較してごんの変容を捉える授業を例に挙げます。まず「〇〇ぎつね」と板書し，「最初の場面のごんは？」と尋ねると，ほとんどの子どもが「いたずらぎつね」と答えます。そこで「じゃあ，最後の場面のごんは？」と聞くと，様々な答えが返ってきます。これは，ごんの行動や心情を基に，どの言葉が当てはまるか確かめる，つまり**適否の言語感覚が働いている**ためです。このように言語感覚が働くと，「一番しっくりくる言葉を見つけたい」という問いが生まれ，解決に動き出す姿が生まれるのです。次に，グループごとに話し合いながら意見の合意形成をしていきます。正解ではなくグループ内での最適解をまとめていく中で，共に高まろうという意識が育まれていくのです。

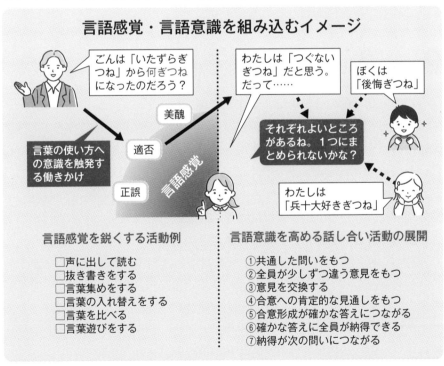

言語感覚・言語意識を組み込むイメージ

ごんは「いたずらぎつね」から何ぎつねになったのだろう？

わたしは「つぐないぎつね」だと思う。だって……

ぼくは「後悔ぎつね」

言葉の使い方への意識を触発する働きかけ

美醜

適否

正誤

言語感覚

それぞれよいところがあるね。1つにまとめられないかな？

わたしは「兵十大好きぎつね」

言語感覚を鋭くする活動例

- □声に出して読む
- □抜き書きをする
- □言葉集めをする
- □言葉の入れ替えをする
- □言葉を比べる
- □言葉遊びをする

言語意識を高める話し合い活動の展開

①共通した問いをもつ
②全員が少しずつ違う意見をもつ
③意見を交換する
④合意への肯定的な見通しをもつ
⑤合意形成が確かな答えにつながる
⑥確かな答えに全員が納得できる
⑦納得が次の問いにつながる

09

身についた力を活用できる
言語活動を設定する

1　軸となる言語活動を設定する大切さ

　言語活動とは言葉によって理解し，思考し，表現する活動……となると，国語の授業で行う活動はほぼすべてが言語活動になります。だからといって，漫然と授業をするだけで資質・能力が育まれるわけではありません。**ねらいとする「ことばの力」に直結する，軸となる言語活動を設定できるか否かが，単元づくりの精度に関わってくる**のです。

2　言語活動の2種類の組み立て方

①3次の言語活動の「ために」2次で学ぶ

　数年前まで「単元を貫く言語活動」と呼称していた組み立て方です。3次の軸となる言語活動に必要なスキルを2次の学びで身につけることから，ねらいが絞りやすくなるよさがあります。その反面，「本の帯をつくるために『ごんぎつね』を読む」のように，必要な部分しか扱わないことで教材の十分な理解につながらない授業になることが懸念されます。

②2次の学びを「生かして」3次の言語活動を行う

　「習得」→「活用」という積み上げを意識した組み立て方です。2次の言語活動を軸とし，それを3次で発展させることから，学んだことを一般化できるよさがあります。その反面2次の言語活動がスムーズに連携できず，3次の活動に対して子どもの戸惑いが生まれたり，2次の学びが総花的になってねらいが絞り切れなくなったりする懸念があります。

3 言語活動に配慮した授業計画の実際

　「まいごのかぎ」（光村図書３年）を例に説明します。言語活動を設定するためには，教材の特徴と指導事項から育みたい「ことばの力」を明らかにする必要があります。「まいごのかぎ」は場面ごとにかぎを使ったギミックがあり，少しずつ主人公"りいこ"の心も解放されていく面白さがあります。また，指導事項では「読むこと」のエが当てはまります。ここから，**場面ごとに心情が変わるりいこの感想を語る力か，設定場面と結末場面における主人公の変容を捉える力の２択**が見えます。感想を語るのであれば，発表会のために教材を丁寧に読む必要があるという目的的な設定になり，変容を捉えるのであれば，教材を読みながら書き込んだワークシートを基に，それぞれが読んだ物語をリーフレットにまとめるという発展的な設定になるのです。

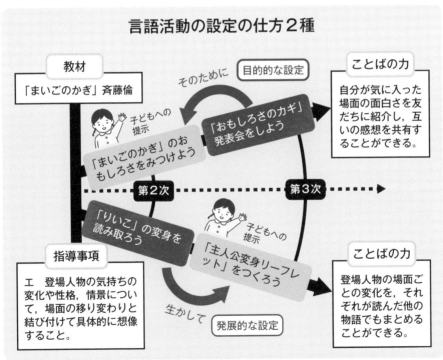

言語活動の設定の仕方２種

教材
「まいごのかぎ」斉藤倫

子どもへの提示

そのために　目的的な設定

「まいごのかぎ」のおもしろさをみつけよう

「おもしろさのカギ」発表会をしよう

ことばの力
自分が気に入った場面の面白さを友だちに紹介し，互いの感想を共有することができる。

第２次　　第３次

「りいこ」の変身を読み取ろう

子どもへの提示

「主人公変身リーフレット」をつくろう

指導事項
エ　登場人物の気持ちの変化や性格，情景について，場面の移り変わりと結び付けて具体的に想像すること。

生かして　発展的な設定

ことばの力
登場人物の場面ごとの変化を，それぞれが読んだ他の物語でもまとめることができる。

第2章 授業づくり

10

問いが生まれる導入をつくる

1 導入とは問いを見いだすためにある

　導入の一番の理想は，教師が何も言わずとも，子どもが目的と高い意欲をもって活動を始めることです。反対に，最も避けたいのは教師が提示した課題に対して子どもがのろのろ動き出す導入です。このような**導入の差異を生むのは，本時の学びに対して子ども自身が「問い」を見いだしているか否か**です。国語だからこそ，単元や言語にこだわった導入を常に考えましょう。

2 導入で子どもが問いを見いだすために

①単元の見通しを明確にしておく

　単元が全何時間で計画され，どのような言語活動を行う予定なのか，子ども自身が理解しておくことが大切です。「先生今日は何をやるの？」という声は，教師の働きかけ不足によるものだと自戒しましょう。

②言語感覚・言語意識に働きかける

　３つの言語感覚，５つの言語意識は，ことばに対する主観的・直観的な関わりにつながります。ゲームの要素を取り入れた短時間の言語活動により，子どもの言語感覚と言語意識を揺さぶることを心がけましょう。

③学び合う雰囲気を醸成する

　国語の授業に対する前向きな学級の雰囲気は，それだけで学びの原動力につながります。温かいことばが交わされながら本時の問いが見いだせるよう，教師の構えをやわらかくもつことがコツになります。

3 問いが生まれる導入の実際

　「スイミー」（光村図書2年）を例に説明します。子どもは単元の計画と前時の学びから，本時の学びに対するおおよその見通しをもっている状態です。授業の冒頭で「いろいろなチョコ」「たくさんのチョコ」の2文を板書し，違いは何かを問いかけます。子どもは「いろいろ」は種類，「たくさん」は量のことだと答えるでしょう。次に「うんと」「だいぶ」「ずいぶん」の量の違いを問いかけます。子どもは，「うんと」が最も多い量であると感じるはずです。ここで教材文の「スイミーはかんがえた。いろいろかんがえた。うんとかんがえた。」の一文を提示します。ここまでの言語活動で**「いろいろ」「うんと」に言語感覚を揺さぶられている子どもは，スイミーがどれだけ考えたのかを実感し，本時の問いを見いだす**ことでしょう。

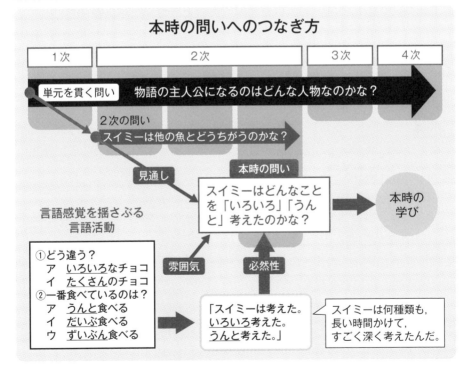

029

11

3つの発問で学びの質を高める

1　国語だからこそ発問を複数の視点から考える

　ロバート・スタンバーグという心理学者は，人の賢さを「分析的」「創造的」「実践的」という3つに分けて考えました。国語科でもテストでよい点を取るだけでなく，個性的で面白い表現をしたり，場や相手に応じて言葉を変えたりする多様な「ことばの力」が求められます。そんな力を育むためには，**ねらいに応じて子どもの思考を揺さぶるような発問が必要**なのです。

2　思考を揺さぶる3種類の発問

①「分析的」に思考を深める

　まず，「なぜ？」と理由を考えさせたり「本当に？」と批判的に捉えたりするような，論理的に思考を深める発問を考えましょう。さらに言語感覚に訴える視点が加わると，子どもは比較しながら考え始めます。

②「創造的」に思考を広げる

　次に思考を広げる発問を考えましょう。「別の人から」「別のモノから」「別の次元から」見てみたり，「もし～だったら」と想像を広げたりする発問により，子どもはこれまでの枠を外した思考を始めます。

③「実践的」に思考を高める

　国語が，言葉で世界（人・モノ・こと）とより強くつながることを目的とするのであれば，子どもの思考を実生活と結び付ける発問は欠かせません。相手の条件に沿い，自分も納得できるか考えさせましょう。

3 思考を揺さぶる発問の実際

　例えば「どちらを選びますか」（光村図書5年）で，最初の意見に説得力をもたせる改善をさせたい時には，どのような発問が考えられるでしょうか。まずは，散歩がなぜ楽しいのか理由を説明させたり，より説得力の高い言葉を見つけさせたりする発問を考えると思います。論理的な思考に働きかけるには，このような分析的な考え方を促す発問が有効です。ただ，**考えを深めるだけでなく，広げる発問を投げかけることも必要**です。別の人・モノ・次元の視点から考える水平思考や，想像を広げる発問で子どもの思考を揺さぶりましょう。さらに，相手や目的といった5つの言語意識に目を向け，自分ならどうするかを考えさせる発問により，さらに思考は高まるはずです。

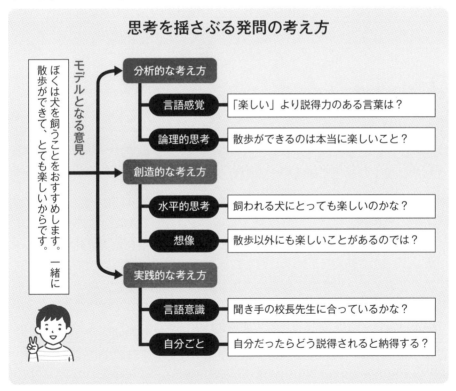

思考を揺さぶる発問の考え方

モデルとなる意見：ぼくは犬を飼うことをおすすめします。一緒に散歩ができて，とても楽しいからです。

- 分析的な考え方
  - 言語感覚：「楽しい」より説得力のある言葉は？
  - 論理的思考：散歩ができるのは本当に楽しいこと？
- 創造的な考え方
  - 水平的思考：飼われる犬にとっても楽しいのかな？
  - 想像：散歩以外にも楽しいことがあるのでは？
- 実践的な考え方
  - 言語意識：聞き手の校長先生に合っているかな？
  - 自分ごと：自分だったらどう説得されると納得する？

12

複数の発表形態で学びを広げる

1　国語科では発表形態にも意図をもたせて

　探究型の学び，１人１台端末の配備などにより，学習成果を発表する機会は増えてきています。他教科とは異なり，国語科では内容だけでなく，発表の仕方も指導内容に含まれます。したがって，**単元のねらいと合わせて発表形態も十分吟味しておく必要があります。**ペア・グループ・全体という発表形態の違いが子どもの活動や意識にどう影響するのか把握しておきましょう。

2　発表形態ごとの特徴

①ペア発表

　同時多発的な発表は多くの発表機会を保障します。また，緊張しがちな子どもがリラックスして発表できるのもよさでしょう。しかし，私的な雰囲気が場合によっては「なあなあ」なおしゃべりにしてしまうこともあります。

②グループ発表

　発表の効率と効果のバランスが取れているので，最も多用される形態です。グループごとに発表を進めることになるため，成員によるばらつきが出ないよう，発表の方法や鑑賞の観点など事前の指導が必要です。

③全体発表

　30人のクラス全員が３分以内の発表をしても，授業時間を２時間分使ってしまう時間効率の悪さがデメリットです。しかし，全体に聞こえる声量や，間の取り方など全体発表でしか身につかない技能もあります。

3 発表形態の違いを生かした指導の実際

　例えば「わたしたちの学校じまん」（光村図書3年）のようなスピーチ単元では，**子どもの実態と指導のねらいによって発表形態を決める**ことが大切です。一人ひとりの発表の機会を増やし，柔らかく親密な雰囲気の中で伸び伸びと伝達させたいのであれば，ペア発表の形態が最適です。何度も発表を繰り返す中で，どの子どもにも聞き手に合わせた話し方が身につくはずです。また，十分な発表の時間を確保できるのであれば，全体の前で発表する機会を設定しましょう。練習してきたことを生かして，緊張しながら発表した経験は大きな自信になります。朝の会の時間を利用するのもいい方法ですね。グループ発表は多くの実態に対応でき，活発な活動に見えるだけに，何に焦点を当てて話すのか，聞くのかを明確に指導することが鍵となります。

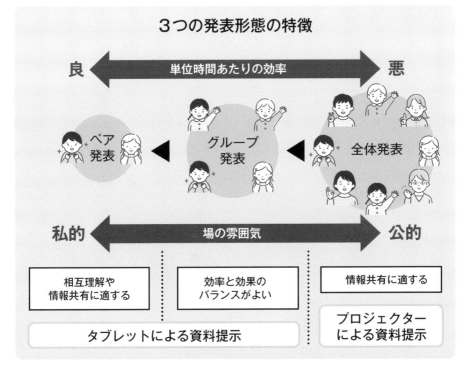

３つの発表形態の特徴

良　← 単位時間あたりの効率 →　悪

ペア発表　グループ発表　全体発表

私的　← 場の雰囲気 →　公的

| 相互理解や情報共有に適する | 効率と効果のバランスがよい | 情報共有に適する |

タブレットによる資料提示

プロジェクターによる資料提示

13

目的を絞った話し合いで
学びのステージを上げる

1　目的を絞った話し合いから見えてくるもの

　授業の中で何気なく発する「では，グループの人と話し合って」という指示。子どもは何を話せばよいのか，どこまで話し合えば条件達成なのか理解しているのでしょうか。国語は話し合い方も指導内容に含む教科ですから，**何のために話し合うのかという目的を明確にすることが，学習の効果と効率を上げるために必須**となります。

2　4つの話し合う目的

①情報共有

　「ちょっと近くの人と話してごらん」という働きかけで始まる情報共有は，思考を言葉にすること，学びに向かう姿勢をもたせることが目的です。

②相互理解

　聞いた意見を別の友だちに紹介したり，自分の意見に生かしたりできるレベルまで，互いに理解し合うことが目的です。

③合意形成

　グループで意見を1つにまとめることが目的です。よい意見を選ぶのではなく，話し合いながら1つにまとめていく過程を重視しましょう。

④創意発見

　話し合う中で今までにない新しいアイディアを生むことを目的とします。新しいものを見いだす過程で生まれる没アイディアにも価値があります。

3 目的に応じた話し合い指導の実際

　例えば「ごんぎつね」で，ごんがつぐないを始めたのはどこかを問うたと
します。それぞれが「ほら穴で考えた時」「いわしを投げ込んだ時」「栗や松
茸を置くようになった時」など自分の意見をノートに書きます。その後「相
互理解」を目的とした話し合いをグループで行うと，友だちの意見を真似し
たり取り入れたりしながら自説を高める姿が期待できるでしょう。しかし，
「合意形成」を目的とする話し合いをさせると，それぞれの意見に対する賛
成や反論，付け足しや削除を経て，全員が納得する意見にまとめていく姿が
期待できます。話し合いの目的をどこに置くかによって，授業の着地点は大
きく変わってくるのです。

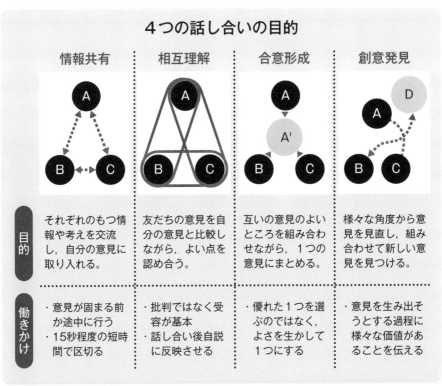

4つの話し合いの目的

	情報共有	相互理解	合意形成	創意発見
目的	それぞれのもつ情報や考えを交流し，自分の意見に取り入れる。	友だちの意見を自分の意見と比較しながら，よい点を認め合う。	互いの意見のよいところを組み合わせながら，1つの意見にまとめる。	様々な角度から意見を見直し，組み合わせて新しい意見を見つける。
働きかけ	・意見が固まる前か途中に行う ・15秒程度の短時間で区切る	・批判ではなく受容が基本 ・話し合い後自説に反映させる	・優れた1つを選ぶのではなく，よさを生かして1つにする	・意見を生み出そうとする過程に様々な価値があることを伝える

14

子どもの内面を見取り評価する

1 形成的評価を実践レベルで考える

　子どもが学び続けていくためには，他者からのフィードバックが不可欠です。教師は形成的評価を用いて子ども自身によさを返すのですが，褒めるだけでも，注意するだけでも最適な刺激にはなりません。**子どもの何を見取り，どう価値付けるのかを瞬間的に判断し，評価を返し続けることが，学びに寄り添う教師の最も大きな役割**なのです。

2 見取りと価値付けのループを形づくる要素

①姿を見る

　子どもの活動から，価値付けたい姿を見つけます。内面が見える「可視化」や，教師の目が届く場の工夫などの働きかけを事前に計画します。

②内面を見通す

　子どもの姿や表情から，内面にある考えや思いを類推します。これまでの学びやその場の状況など，その子側の文脈で捉えていくことが大切です。

③判断する

　いつ，どのような言葉や表情で，何を子どもに返すのかを決めます。教師の言葉かけが周囲の子どもへの方向付けにもなることを意識します。

④承認する

　判断に従い，子どもに評価を返します。安易な称賛や良し悪しの評価ではなく，どんな思いがあり，何ができているのかを認める言葉かけをします。

3 実際の授業における見取りと価値付け

　作文を書くのが苦手で，いつもは３行も書くと鉛筆が止まってしまうＡ君が，今日は原稿用紙の半分まで書けています。ここで「いつもよりがんばったね」「あと半分がんばろう」という声をかけたくなりますが，その言葉は彼の心に響くでしょうか。まずは，なぜ今回はたくさん書けたのか内面を見通してみます。どうやらＡ君の好きなカブトムシについてというテーマがよかったようです。また，同じ昆虫好きのＢ君と楽しそうに話しながら書いたのもがんばりにつながったようです。そこで教師はここまでの学習の事実を踏まえて，期待する言葉をかけます。「Ｂ君と一緒に考えながら，今日はいつもの３倍の長さの作文が書けましたね。カブトムシが本当に大好きなことがよく伝わる文ですよ。また後で読ませてね」。Ａ君はさらに書き続けます。

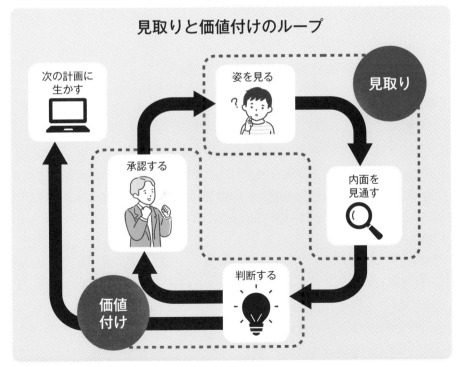

見取りと価値付けのループ

次の計画に生かす

姿を見る

見取り

承認する

内面を見通す

価値付け

判断する

15

構造的・構成的な板書を意識する

1 わたしが捉える板書本来の機能

　1人1台のタブレットと，それを映す教室1台のプロジェクターが当たり前になった現在，もう一度板書することの意味に立ち返る必要があります。わたしはそれを，**思考をぶつけ合う「フィールド」としての機能と，過程を可視化する「コース」としての機能だと規定します。**いずれもこれまで構造的・構成的な板書として国語科の授業で大切にしてきたものです。

2 構造的な板書と構成的な板書の違い

①構造的な板書

　「構造的」とは「関係」が整理されていることです。一人ひとりの意見の違いを大事にして学びを高めようとするならば，板書は自然に表や関係図の様相を呈します。昨今，思考ツールの活用が盛んですが，構造的な板書とは項目同士の関係に着目させ，子どもの思考を促します。そのような仕組みを板書の中に組み込むことが構図的な板書になるのです。

②構成的な板書

　「構成的」とは「流れ」が整理されていることです。旧来，国語科の板書は「絵巻物」と揶揄されるように，右から左へ一方向に書かれることが大半でした。そのため単線的な講義型授業に多い印象を受けますが，構成的な板書には活動や思考の流れが見やすいという特徴があります。ですから，本時の流れや活動の手順は構成的に示した方が分かりやすいのです。

3 実際の授業における板書の構造化と構成化

　「山小屋で三日間すごすなら」（光村図書３年）はグループで合意を形成していく活動が楽しい教材です。個人がもっていきたいと決めたアイテムをカードに書き，グループで仲間分けと取捨選択する活動はタブレット PC を用いるのが効果的です。活動用シート自体が構造化になります。そうなると，板書しなければならないのは授業のめあてと学習の流れとなります。右から左へ構成化して書かれた本時の活動を見れば，タブレットを操作している子どもも次は何をするのかが分かるでしょう。また，板書の一部分はプロジェクターを用いてグループの活動を共有する際に使います。次々と示されるスライドから全体で大事にしたいことは抜き出して板書しておくようにします。

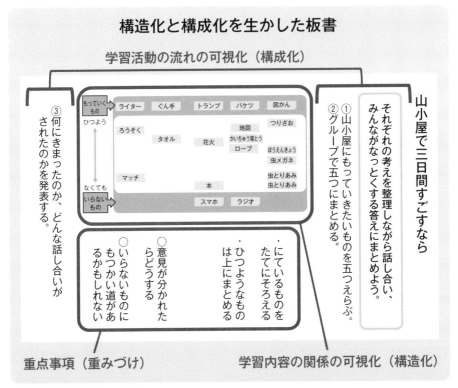

構造化と構成化を生かした板書

学習活動の流れの可視化（構成化）

山小屋で三日間すごすなら

①山小屋にもっていきたいものを五つえらぶ。

②グループで五つにまとめる。

それぞれの考えを整理しながら話し合い、みんながなっとくする答えにまとめよう。

③何にきまったのか、どんな話し合いがされたのかを発表する。

もっていくもの
ひつよう

ライター　ぐん手　トランプ　バケツ　図かん
ろうそく　タオル　花火　地図　つりざお　かいちゅう電とう　ロープ　ぼうえんきょう　虫メガネ
マッチ　本　虫とりあみ　虫とりあみ
スマホ　ラジオ

なくてもいらないもの

・にているものをたてにたてにそろえる
・ひつようなものは上にまとめる
○意見が分かれたらどうする
○いらないものにもつかい道があるかもしれない

重点事項（重みづけ）

学習内容の関係の可視化（構造化）

16

1時間の授業をユニットで捉える

1 45分を15分×3と捉える

　国語は毎日のように授業があるため，教材研究や授業準備はいくら時間があっても足りません。**日々の授業は15分×3のユニットで捉え，それぞれ言語活動の統一を図っておくと大きな時短になります。**何より，子どもの集中は15分前後で切れますから，はっきりと活動が変わった方が飽きずにできるのです。また計画は10分程度で考えておくと丁度よく収まります。

2 ユニットごとの捉え方

①基礎となる言語活動

　最初の10分間は漢字や言葉の学習，音読といった手や口を動かす学習を設定します。指示は少なくテンポよく，ルーティンワークとして進める時間として独立させましょう。時折国語ゲームを行うのもいいですね。

②基本となる言語活動

　次の10分間は本時で習得すべき知識や身につけるべき技能を学ぶ時間です。指導事項を1つに絞ることや，丁寧な説明で納得を生むことがポイントとなります。課題に対する一人学びとする場合もあります。

③活用となる言語活動

　最後の10分間は②で学んだ事項を適用する時間です。練習問題に取り組んだり，別の教材に当てはめて考えたりと学習の広がりが生まれます。②で行った一人学びを全体での話し合いに昇華する場合もあります。

3 実際の授業における授業のユニット化

例えば説明文の読解単元を１時間３ユニットの言語活動と考えると，最初の１／３は音読になります。範読から始め，一斉読，文ごと，段落ごとと毎時変化のある繰り返しで音読の時間を確保します。次の１／３は一人読みの時間にします。本時の課題に基づき，自らの意見をまとめ，友だちと交流するのです。最後の１／３は全体での吟味です。話し合いながら本時の課題への最適解を見いだしていくことになります。もう少し深いところまで学びが届きそうであれば，次時の１ユニットを話し合いの続きに変えられるのもユニット制のよさです。また，個々の言語活動にもう少し時間をかけたい単元であれば，２ユニットに分けて考えます。いずれにせよ**ユニット単位で言語活動が変わることを子どもと共有しておくこと**が大切です。

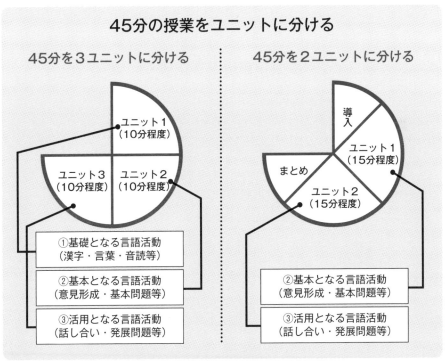

45分の授業をユニットに分ける

45分を３ユニットに分ける

- ユニット１（10分程度）
- ユニット３（10分程度）
- ユニット２（10分程度）

①基礎となる言語活動（漢字・言葉・音読等）

②基本となる言語活動（意見形成・基本問題等）

③活用となる言語活動（話し合い・発展問題等）

45分を２ユニットに分ける

- 導入
- ユニット１（15分程度）
- まとめ
- ユニット２（15分程度）

②基本となる言語活動（意見形成・基本問題等）

③活用となる言語活動（話し合い・発展問題等）

17

ゲームの要素を取り入れる

1 学習ゲームとゲーミフィケーション

　勉強と聞くと顔をしかめる子どもも，ゲームと聞くと顔を輝かせます。ならば子どもが惹かれるゲームの魅力を授業に取り入れましょう。方法は２つあります。まずは子どもが楽しく学べる国語科の学習ゲームを取り入れること。もう１つは**ゲームの考え方や要素を取り入れて，授業に子どもが楽しめる仕組みをつくる**ことです。この考え方を**ゲーミフィケーション**と言います。

2 ゲーミフィケーションを規定する３Ｒ

① Relation（関係性を高める）

　子ども同士が助けを借りたり，協力したりせざるを得ない状況をつくります。「グループ全員が解き方を説明できるようになったらおいで」という指示をすると，必死になって分からない子に教える姿が生まれます。

② Random（無作為性を取り入れる）

　実力とは関係なく，運が影響せざるを得ない状況をつくります。例えば３種類のプリントがある時，シャッフルして裏返したものから取るようにすると，どれが出るかが分からずドキドキやハラハラが生まれます。

③ Rule（きまりで制御する）

　制限を加えることで，子どもが工夫や努力をせざるを得ない状況をつくります。作文で３人にお願いしてサインをもらう，難しいプリント１枚か簡単なプリント３枚か選ぶなどの仕組みがこれに当たります。

3 実際の授業におけるミニゲームとゲーミフィケーション

　ミニゲームは授業の隙間時間に組み込みやすい活動です。例えば授業で接続語について学び10分ほど時間が余ったら，「つなぎ言葉トーク」をしようと働きかけます。これは，「しかし」「そして」「このように」のように接続語が書かれたカードを重ねて裏返しにし，順番に引いたカードに書かれた言葉に続けて話をしていくものです。楽しく学びを適用できるでしょう。

　ゲーミフィケーションは授業そのものを変える方法です。例えばワークの答え合わせの時。教室の前から順番に指名すると自分の順番が来るまでの予想がつきますし，教師が指名すると知らぬ間に偏りが起きます。ここにくじ引きやサイコロなどのランダムな答えを示す仕組みを入れると，心地よいドキドキとワクワクが生まれます。ちょっとしたことですが大きな違いです。

ミニゲームとゲーミフィケーションの違い

ミニゲーム

違いを明確にして指導に取り入れる

> 授業に学習ゲームを取り入れることで，楽しい雰囲気や主体的に学ぶ態度をつくる。

【例1】国語辞典「っぽく」書こう

お題に出された難語句の意味を考えて紙に書き，どれが正解か当て合う。言い切り型の事典文型に慣れることができる。

【例2】ワードウルフ

全員に単語の書かれた紙が配付されるが，違う単語の数名をコメントから類推する。学習中の用語を用いると効果大。

【例3】3ヒントクイズ

3つのヒントからお題を当てる。ヒントが少ないほど高得点。学習中の物語や説明文からお題を出すと授業につながる。

ゲーミフィケーション

> 授業にゲームの要素を取り入れることで，学びに没入するシステムをつくる。

【R1】リレーション

活動の中で子ども同士が仲良くなる要素を取り入れる。（例：問題文が半分しかないため，協力しないと答えられない。）

【R2】ランダム性

運によって決める要素を取り入れる。（例：サイコロを振って出た数字と同じ出席番号の人が発表者になる。）

【R3】ルール

ルールによって難易度や活動量を調整する。（例：教室を歩きながら3人にスピーチしないと座れない。）

18

学びののりしろをつくる
振り返りを行う

1 振り返りには「のりしろ」が必要

　単元を重視する国語の学びは，似た過程を何度も繰り返しながら向上していくスパイラルの形にフィットします。1学期の物語の読解と2学期の読解が変化のある繰り返しになるのであれば，前単元の学びで得たものを最大限活用させたいですよね。**単元と単元をつなぐには，学んだことを自分の言葉で抽象化させた"学びのコツ"をのりしろとして活用すること**が効果的です。

2 「振り返り」で学びののりしろになり得るもの

① 「できた・分かった」の実感（情意面）

(1) **「成長した自分」**を感じさせるためには，ノートやワークシートなど学びの足跡を参照させることが有効です。また，自分では気付かない成長を友だちから教えてもらう機会をつくることも必要です。

(2) **「まだまだな自分」**を感じさせるためには，言語活動の成果物を参照させることが有効です。発表の動画や作文などを振り返ることで，もっとできるようになりたいことが見えてくるでしょう。

② 「できたこと・分かったこと」の振り返り（知識・技能面）

(1) 気付いた学びのコツを簡単な**「模式図」**にまとめさせましょう。図に何を書き込むかは，教師の指導を振り返るのにも役立ちます。

(2) 学びのコツは**「一文」**でまとめることも効果があります。単元の題名とも言えるコツの一文は，学びの道標として何度も使えます。

3 実際の授業における振り返りの仕方

　単元計画でいう4次が振り返りです。まずは情意面に焦点を当てます。1時目のノートから活動の足跡を見直し，「できるようになった自分」と「まだまだな自分」の項目に分けて書かせます。書き終わった文は友だちと交流させることで，互いの成長を認め合う雰囲気をつくりましょう。次は知識・技能面に焦点を当てます。この単元で学んだことで，最も大切な「コツ」になるものを，簡単な模式図か1文でまとめさせます。この「簡単な」「1文」という縛りがポイントで，子どもは学んで得たものをできる限り抽象化しなければなりません。ここで抽象化したコツは，次に同じ領域の単元を学ぶ際，導入で参照させることで生きてくるのです。

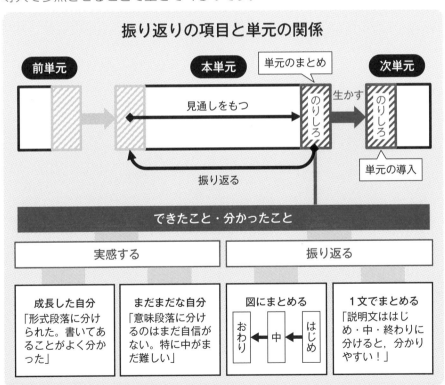

振り返りの項目と単元の関係

前単元　　　　　　本単元　　単元のまとめ　　　次単元

見通しをもつ　　のりしろ　　生かす　　のりしろ

振り返る　　　　　　　　　　単元の導入

できたこと・分かったこと

実感する	振り返る

成長した自分
「形式段落に分けられた。書いてあることがよく分かった」

まだまだな自分
「意味段落に分けるのはまだ自信がない。特に中がまだ難しい」

図にまとめる
おわり ← 中 ← はじめ

1文でまとめる
「説明文ははじめ・中・終わりに分けると，分かりやすい！」

第3章 話すこと・聞くことの指導

19

スピーチ活動は準備が10割

1 スピーチの指導と評価はすべて事前に終わらせる

人前で話すのは大人でも嫌なことなのですから，自尊心が芽生えた頃の子どもにとってスピーチは楽しいだけの活動ではありません。「笑われたらどうしよう」「失敗するかも」という足を引っ張る感情を減らすために，**すべての指導と評価を準備段階で終わらせておくことがスピーチ指導のコツ**です。

2 本発表を大満足で終わらせるための布石

①スピーチする目的を明確にする

スピーチには３つの目的があります。(1) 楽しませる，感動を与えること，(2) 情報を提供し理解してもらうこと，(3) 自説を理解・納得してもらうこと。「感動を与えるスピーチ」と「情報提供のスピーチ」では話し方の工夫が異なるため，あらかじめ子どもに目的を明示する必要があるのです。

②すべての事前活動で本発表を意識させる

情報収集から発表練習まで徹底して聞き手を意識させる働きかけを行います。しかし「聞き手はどう思うかな？」「どんな工夫ができるかな」という教師の詰める働きかけだけでは子どもの学びにブレーキがかかります。互いに見合い，感想を述べ合う場を適度に入れていきましょう。

③本発表は全力で褒めるのみ

本発表で「もっとこうすれば」「ここが残念」という教師の批判やアドバイスは全く要りません。準備段階で終わらせて，本番は笑顔と称賛のみです。

3 スピーチ活動の実際

　「伝えたい，心に残る言葉」（東京書籍５年）を例に説明します。①話題設定では学びのきっかけづくりとしてモデルを示します。担任やゲストティーチャーの心に残る言葉についてのスピーチを聞かせ，発表への憧れをもたせます。②情報収集では，心に残る言葉とエピソードを集めます。必ず３つ以上集めて，後から選択できるように話します。③内容検討と④構成の組み立て⑤資料提示の計画では，「聞き手は飽きない？」「大事なことは伝わっている？」「もっと分かりやすい話し方はない？」と本番での発表を想定した質問をぶつけます。教師と１体１のプレ発表までに指導を終えておけば，本番では成長をたっぷり称賛することができるのです。

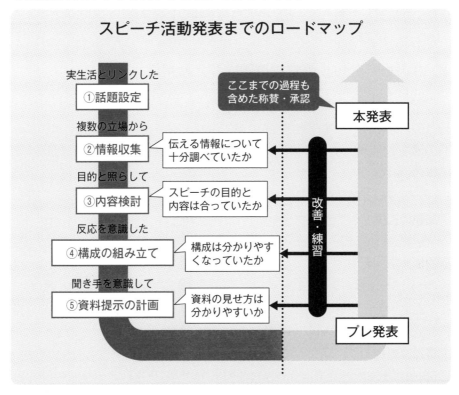

20

説明・発表活動はおもてなし

1 「おもてなしの精神」を指導の軸に

ICT の導入により，大人以上の発表スライドを作る子どもが増えた反面，「すごいでしょ？」と言わんばかりの姿に疑問を感じる時があります。プレゼンテーションとはプレゼントなのですから，**最も大切にしたいのは，聞き手にいかに喜んでもらうかという「おもてなし」の精神**だと思うのです。

2 「おもてなし」の立ち位置に変える視点

「どうもてなせばよいか」を子どもが最初から考えるのは難しいものです。自分の伝えたい，大事だと思うものを，相手も聞きたい，大事だと共感するものに変えていけるように，活動の合間に以下の視点を示しましょう。

①声のトーン

「自分が話しやすいトーン」から「相手が聞きやすいトーン」へ

②結論の位置

「資料をすべて提示してから」から「資料を提示する前にまず」へ

③根拠やデータ

「自分が大事だと思うもの」から「聞き手が大事だと思えるもの」へ

④たとえ・エピソード

「言いたい話があれば」から「分かりやすくなる話を見つけて」へ

⑤重点の強調

「自分が大事だと思う部分」から「相手が聞いて大事だと思う部分」へ

3 説明・発表に聞き手視点を組み込む

　単元の導入では，モデルとして教師が発表を見せましょう。まずは写真を多用し，見やすい文字と的確なイラスト，上品なアニメーション効果を組み合わせた上質のスライドを，ボソボソと下を向きながら紹介します。ここで感想を聞けばスライドを褒める言葉が並ぶことでしょう。次に1枚の写真と一文だけのシンプルなスライドを，高いテンションでジェスチャーも交えて紹介します。2つの発表のどちらがよいか聞くと，子どもは自分がやるならば前者を，聞き手ならば後者を選ぶはずです。ここで発表とは自分が意見を言うためではなく，相手に伝えるためにやるものなのだという「おもてなし」の立ち位置を語るのです。単元の最初にこの立ち位置をもつことで，活動がすべて聞き手ファーストに変わっていくことになるでしょう。

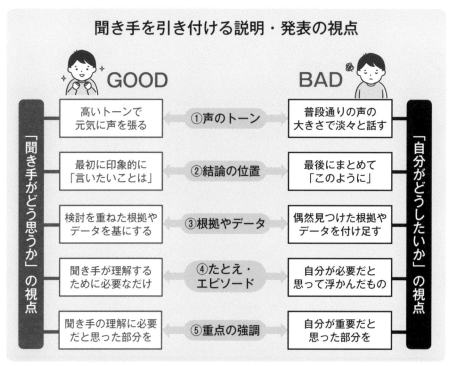

聞き手を引き付ける説明・発表の視点

「聞き手がどう思うか」の視点（GOOD）		「自分がどうしたいか」の視点（BAD）
高いトーンで元気に声を張る	①声のトーン	普段通りの声の大きさで淡々と話す
最初に印象的に「言いたいことは」	②結論の位置	最後にまとめて「このように」
検討を重ねた根拠やデータを基にする	③根拠やデータ	偶然見つけた根拠やデータを付け足す
聞き手が理解するために必要なだけ	④たとえ・エピソード	自分が必要だと思って浮かんだもの
聞き手の理解に必要だと思った部分を	⑤重点の強調	自分が重要だと思った部分を

21
聞く活動は「効く」まで見通す

1　おざなりにされがちな「聞くこと」の指導

　スピーチや発表は聞き手がいなければ成り立ちません。それなのに「黙って聞く」「メモを取る」「質問や感想を話す」といった活動の指示のみで指導を終わらせていないでしょうか。**子どもがきちんと話を聞けるようにするには，「きちんと」のレベルと具体を示さなければなりません。**よく聞く側の構えに用いられる「聞」「聴」「訊」「利」「効」を例に説明します。

2　「きく」の5分類

　下記の分類はあくまで授業での指導上，わたしが便宜的に設定したものです。本来の漢字の使い分けとはニュアンスが異なる点はご容赦ください。
①**聞く**
　相手の言いたいことを丸ごと肯定的に受け止めようとする態度
②**聴く**
　話の内容を分類・整理し，使われている技法を考えながら理解すること
③**訊く**
　主張と論の整合性や，使われている根拠やデータの妥当性を吟味すること
④**利く**
　話の内容を，自分が考えたことも含めて再現できるようメモすること
⑤**効く**
　①から④の「きく」を生かして自らの表現に変換すること

3 「効く」まで「聞く」授業の実際

　「聞くこと」は指導上便宜的に切り分けたものなので，場面の設定や当事者間の文脈により，その様相は大きく異なります。例えばペア対話では聞き手と話し手が目まぐるしく変わりますし，下の「利く」にあるようなメモを取るほどの余裕はありません。ですから，始める前には「聞く」にある受容的な態度と，その活用に当たる肯定的な質問について指導しておくことが大切になります。対して，町の廃校舎再生計画の発表会のような場合には，内容を的確に「聴」き取り，何を主張していて根拠となる事実は何かを手を「利」かせてメモに整理することにより，「訊」くべきことは何かを考えながら「聞」くことになります。この活動が質問や反論に「効」くわけです。

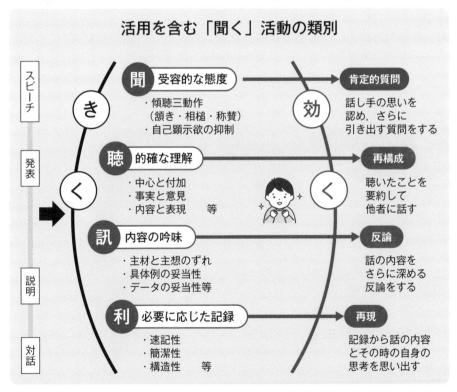

活用を含む「聞く」活動の類別

22

話し合い活動は「名前をつけて保存」

1 振り返ること前提で話し合いの場づくりをする

　話し合いが上達するには，とにかく話し合う機会をつくることが一番なのですが，単元として設定できるのは学期に１回程度。もちろん他教科や学級活動でも話し合いは行いますが，意見をまとめることを目的とするそれらと，話し合い方そのものを学ぶ国語科では指導がまるで異なります。ですから，**話し合いを体験という活動で終わらせず，コツとして理解する経験にまで高める働きかけが必要です。それが振り返りの重視であり，中心となるのが話し合いの過程の可視化・記録化なのです。**

2 話し合いを可視化・記録化する２つの方法

①**動画・音声記録**

　１人１台のタブレットを用いて，話し合いを動画で記録します。指導の肝は，再生しながら全員で「突っ込み」を入れさせることです。「この時に話が脱線したんだよね」「ここでみんなが黙った時は司会が指名すればよかったのか」といった突っ込みこそが，話し合いを改善するコツになるのです。

②**話し合いボード**

　１グループに１台の自立式ホワイトボードかＡ３サイズの白紙を用意します。もちろん話し合いながら記録していくのですが，その足跡が残るよう指示しておきましょう。矢印や線をうまく使い，どの意見に対してどのような反論があったかを振り返れるようにして，ポイントを見つけさせるのです。

3 話し合いを振り返る活動の実際

　例えば、「どちらを選びますか」（光村図書５年）で、校長先生にお薦めするのは犬がよいか猫がよいかを話し合うとします。校長先生役の子どもは、タブレットで動画を撮るか、ボードにまとめながら司会を進めます。

　まず、動画を撮った場合は再生しながら振り返りを行います。その中で「ここはこうした方がよかった」と"突っ込み"を入れたいと思った時には適宜動画を止め、意見を言うこととします。下の例だと、根拠が述べられていないことと、話し合う目的から外れたことが指摘されています。

　次に紙やボードに書き込んだ場合は、それを見ながら振り返ります。これまで使っていない色のペンで、"突っ込み"を書き込みます。ここでは、可視化のよさを生かして、線や矢印を使わせると、関係性がよく分かります。

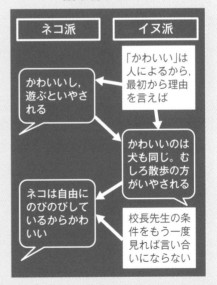

話し合いの２種類の可視化・記録化

動画・音声記録

A：私は絶対にネコがおすすめです。かわいいし、遊ぶといやされるからです。

B：ちょっと待って、かわいいのは犬も同じだよ。むしろ、ネコとちがって散歩に連れていける分、たくさんいやしてくれるよ。

A：ストップ！　何がかわいいかは人それぞれなんだから、ネコ派もイヌ派もどこがかわいいのか言わないと！

A：確かにネコは散歩に連れて行けないけど、自由にのびのび歩き回るからネコはかわいいんです！

B：ストップ！　この辺りからごちゃごちゃしたんだよね。もう一度校長先生の条件を見直せばよかったんだ！

話し合いボード

ネコ派　　　イヌ派

かわいいし、遊ぶといやされる

「かわいい」は人によるから、最初から理由を言えば

かわいいのは犬も同じ。むしろ散歩の方がいやされる

ネコは自由にのびのびしているからかわいい

校長先生の条件をもう一度見れば言い合いにならない

23

対話活動は「キャッチボール」

1　キャッチボールも対話も続けるだけで楽しいもの

　「人の会話はキャッチボール」とはよく聞くたとえですが，１対１で行う対話活動ほどその意味を強く感じる学習はありません。４月の慣れていない段階でペア対話をさせると，30秒も保たずに気まずい沈黙が生まれることばかりです。だからこそ，話し合いの最小単位である対話は，野球の基本であるキャッチボールのように，**お互いがリラックスして長く続けられるまで指導を繰り返していくこと**が必要なのです。

2　対話活動をスムーズに行うための５つのきまり

　実際にキャッチボールをしている場面を例に挙げながら指導します。
①どちらから話し始めるかを決める
　「話す権利のボールは１つだけ。どちらから話すかジャンケンで決めよう」
②短く，答えやすい問いかけで終わる
　「相手の胸に向かって球を投げるように，応えやすい言葉を投げよう」
③話して，聞いてというフェイズを意識させる
　「投げている最中にボールが飛んできたらびっくりするよね。対話も同じ」
④温かい場づくりを心がけさせる
　「いい球だったら“ナイスボール”って言うように，うなずきあいづちを」
⑤対話が続くよう工夫させる
　「慣れてきたら少しずつ難しい球を投げるみたいに，話し方を変えてみて」

3 対話活動の実際

　前述の5つのきまりが身につくまで，教室の背面に掲示したり，授業の隙間時間を使ったりしながら何度も対話活動を続けていきます。また，よりよい対話の姿が共有できるよう，モデルを示すのも有効です。わたしがよく使うのが"フィッシュボウル"という手法です。ペアでの対話活動を机間指導している時に，うまく噛み合ったキャッチボールができているペアを見つけたら，クラス全体の話し合いを止めて，そのペアの周りに集めるのです。あとは先ほどの対話をそのまま繰り返してもらうだけですが，とても効果的です。また，スムーズに対話のキャッチボールができるようになったら，他教科の授業にもどんどん活用しましょう。この時「平安時代に詳しい隣の人に聞いてみよう」のように投げかけると，すぐにボールが準備できますよ。

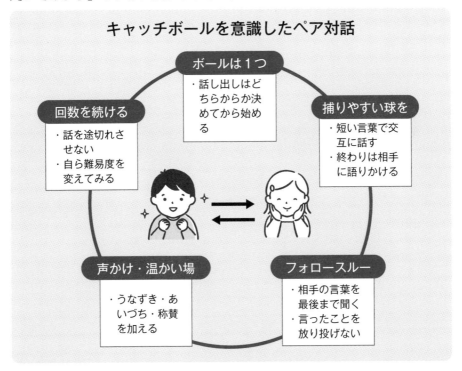

キャッチボールを意識したペア対話

ボールは1つ
・話し出しはどちらからか決めてから始める

捕りやすい球を
・短い言葉で交互に話す
・終わりは相手に語りかける

回数を続ける
・話を途切れさせない
・自ら難易度を変えてみる

フォロースルー
・相手の言葉を最後まで聞く
・言ったことを放り投げない

声かけ・温かい場
・うなずき・あいづち・称賛を加える

第4章 書くことの指導

24

文章作成のプロセスを大切にする

1 スタートよりも魅力的なゴールを示す

　学習指導要領の「書くこと」で示されている指導内容はとてもよくできていて，書かれている順番がそのまま作文のプロセスになっています。ただし，これをいきなり子どもに示しても「よし書くぞ！」とはなりません。**作文を完成させるまでのプロセスをモノ作りの工程に当てはめて具体化し，魅力的なゴールを示すことで初めて子どもは一歩を踏み出し始めるのです。**

2 5つの言語意識に当てはめた見通しを示す

① 「誰に読んでもらうのか（相手）」
② 「何のために書くのか（目的）」
③ 「どのような形で読んでもらうのか（場面・状況）」
　上記の3つが教師の腕の見せ所です。できる限り教室の友だちとは別の読者を設定し，具体的な目的を提示しましょう（例「1年生に運動会の面白さを伝える」）。手紙として渡す，文集にまとめるといった形式も重要です。
④ 「どのような計画で書くのか（方法）」
　次ページの例のように，モノ作りの工程に当てはめると子どもが理解しやすくなります。常に意識して進められるよう，掲示しておきましょう。
⑤ 「どういうものがよい作文なのか（評価）」
　1学年上の先輩が書いた作文や教師の見本など，よい作文のモデルとともにルーブリックを提示すると，よい作品への見通しがもてます。

3 プロセスを大切にした文章作成の実践例

　単元の導入では作文のことを口にせず，「もしも」ロボットショーにロボットを出品しなければならないとしたら，どうやって作りますかと問いかけます。「どんなロボットでもいいのですか？」「大きさは？」「１人で作らないとダメですか？」これらの質問はまさに作文のテーマや条件に当たります。子どもに答えながら，出てきた項目を板書していきます。「最初に腕から作ります」「ダメだよ，まず設計図を描かないと」「でき上がったらちゃんとチェックしないとね」こういった工程に当たるものはカードに書き込み，順序を変えられるようにします。こうしてでき上がったプロセスの言葉を，作文用に変えることで，ロボット作りも作文作りも完成までの工程は変わらないことを確かめ，見通しをもって進められるようにします。

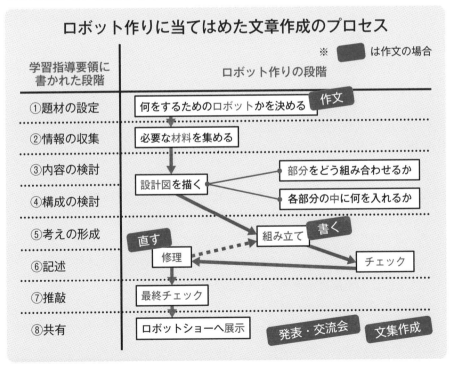

25

個に応じた支援の引き出し

1 最も個に応じた支援が必要となる「書くこと」

　「書く」活動は，他の領域に比べて最も知的に高い力を求められます。個人差も大きく表れるため，すべての子どもを最後まで書き終わらせようとすると，多大なる時間と労力が必要となります。だからこそ，30人いれば30通り用意したいほど，個別支援の方策が必要になるのです。**丁寧に支援すればしただけ，子どもの書く力は伸びます。子どもが何に困っているのかを適切に見取り，効果的な支援策を考えていきましょう。**

2 タイプ別個別支援の引き出し

　いずれの方法も，受容的な態度と励ましの言葉がベースになります。

①書きたいことはあるのだが，どう書けばよいか分からない

　　→過去の作文集や教師のモデル文を示し，書き方の型を真似させる

②思い付く内容がバラバラで，うまく文章に組み立てられない

　　→カードや付箋，ICTのツールなどを使い，情報を整理させる

③テーマに対してうまく書きたいことが思いつかない

　　→対話法を用いて，過去の体験や自分の好みなどを引き出す

④1人だとこのまま書き進めてよいのか不安になる

　　→途中までの互いの作文を読み合ったり，一緒に書いたりする機会を作る

⑤どうやっても今のままでは書き出すことが難しい

　　→テーマを簡単なものに直したり，書きやすい文種に変更したりする

3 作文が書けない子どもへの支援の実際

　これまでの国語の授業や，他教科や日常生活の中で，何となく文章を書くのが苦手な子どもは見えてくるものです。できればその見えた瞬間に，なぜ書けないのか原因を探っておくと，後から作文の時間に個別の支援がしやすくなります。例えば，「そもそも何を書けばいいか浮かばない」子どもには，下記の③のようにテーマに関連した質問を教師が行い，メモに書いてあげることで，ようやく自分が書きたいことが見えてくることがあります。また，「書きたい筋だけ書いて文が短く終わってしまう」子どもには，①のように教師が対話法を用いてアドバイスしたり，④のようにモデルとなる友だちの作品に出合わせたりすることが有効です。この，「この子にはこの方法がうまく行きそうだ」という肌感覚を，普段の生活でもっておきたいものです。

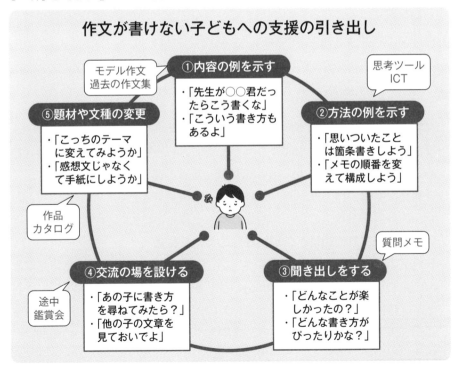

作文が書けない子どもへの支援の引き出し

モデル作文
過去の作文集

①内容の例を示す
・「先生が○○君だったらこう書くな」
・「こういう書き方もあるよ」

思考ツール
ICT

⑤題材や文種の変更
・「こっちのテーマに変えてみようか」
・「感想文じゃなくて手紙にしようか」

②方法の例を示す
・「思いついたことは箇条書きしよう」
・「メモの順番を変えて構成しよう」

作品
カタログ

質問メモ

④交流の場を設ける
・「あの子に書き方を尋ねてみたら？」
・「他の子の文章を見ておいでよ」

途中
鑑賞会

③聞き出しをする
・「どんなことが楽しかったの？」
・「どんな書き方がぴったりかな？」

26

説明的な文章を書く活動は型にはめる

1　説明的な文章を書くことは読むこととセットで

　教科書教材で「説明的な文章」を書く活動はあまり見られません。難易度から見ても必要時間から考えても指導するのが大変なのは確かです。しかし，せっかくの論理的な文章を書く機会なのですから，何とか授業に組み込みたいものです。そこで，説明的な文章を読む時に，発展的な言語活動として書く活動を設定することをお勧めします。**読解でまとめた構成の型を使えば，短時間で論理的な文章を書くことができるのです。**

2　型に当てはめながら説明的な文章を書くよさ

①「相手意識」が作品の方向性と密接につながる

→「**説明文**」は，専門家があまり詳しくない人に説明するという型で書かれるので，執筆者より年下の相手を対象とすると書きやすくなります。

→「**意見文**」は，自分と対等な立場の相手を説得するという型で書かれるため，執筆者より年上の相手を対象にすると書きやすくなります。

②**教材文に隠された論理への理解を深めるために書く**

→教材文の型に当てはめながら書いていくと，完成した作文の見た目がほとんど変わらないため，これでいいのか心配になるかもしれません。しかし，型にはめることで筆者の論理の進め方に気付き，その論理に乗りながら子どもは書いています。ですから，表現ではなく理解を深めるために書くという立ち位置で進めることが大切です。

3 説明文を書く授業の実際

「すがたをかえる大豆」（光村図書３年）は分かりやすくも練りこまれた段落構成で書かれているため、「型」にはめて書くモデルとしてとても優れています。子どもは型に当てはめながら自分なりの「すがたをかえる〇〇」を書く中で、説明する論理の流れを理解していきます。まず、大豆のような様々に姿を変える食品から１つを選び、調べたことをカードにまとめさせます。次に、カードをどのような順序で並べるかを考えさせることにより、「すがたを〜」の事例の並び方と、込められた意図に気付くことでしょう。このように一見簡単に見える型に当てはめて書く活動も、自分の言葉を入れることにより、些細な齟齬に気付いたり、教材文の工夫にあらためて驚いたりできるよさがあるのです。

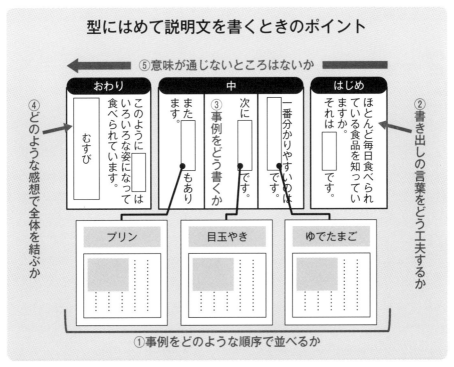

型にはめて説明文を書くときのポイント

⑤意味が通じないところはないか

④どのような感想で全体を結ぶか

おわり
このようにいろいろな姿になって食べられています。
むすび

中
また、〜もあります。
③事例をどう書くか
次に、〜です。
一番分かりやすいのは〜です。

はじめ
ほとんど毎日食べられている食品を知っていますか。それは〜です。

②書き出しの言葉をどう工夫するか

プリン

目玉やき

ゆでたまご

①事例をどのような順序で並べるか

27

実用的な文章は目的意識を明確に

1 実用文の「実用」とは何か

　物語文や説明文と比べると，「実用文」という括りはずいぶん広範に渡ります。その中から国語の授業で主に扱うのは手紙と日記になるでしょう。どちらも，子どもたちの日常生活と密接に関わる言語活動です。だからこそ，子ども自身が"実用"に値すると実感できるよう，**「何のために書くのか」という目的意識を明確にしながら指導することを心がけましょう。**

2 文種ごとの目的意識の高め方

①手紙

・**対象→思いを伝えたい人**　・**目的→言葉では言えない思いを伝える**

　口では言えないことをあらためて手紙にすることの意義を，子どもと共有してから活動に入りましょう。我々教師がしがちな「気持ちを込めて書きましょう」という指導は，気持ちが高まり，方向が明確になった後でなければ子どもの心に入りません。

②日記

・**対象→未来の自分**　・**目的→忘れそうな思い出を記録する**

　目的が「毎日忘れずに書く習慣をつけるため」なのか，「日常生活の気付きを記録するため」なのか，明確にした上で子どもと共有しなければ日記は継続しませんし，効果は上がりません。何より，家で個人的に書く日記と，学校で行う言語活動としての日記は違うことを説明しましょう。

3 実用文を書く授業の実際

　運動会や遠足のような行事は心が動く場面が多いため，実用文を書くとてもよい機会になります。運動会の前には，参観してほしい方への招待状を書きましょう。いきなり用紙を配付して下書きを書かせると作業感・負担感が増します。まずは「誰に，どんな気持ちを届けたいのか」をじっくり考えさせましょう。ペアで交流したり，いくつかモデルを出したりしながら「あの人に書きたいな」という問いを見いださせます。さらに，「この種目に出るので，この瞬間がシャッターチャンスです」「こんな応援があるとがんばれます」のような，書く方も読む方もうれしい話題の視点を提示しましょう。2つ折りにしたり，飛び出す手紙にしたりと，形の工夫もできそうです。

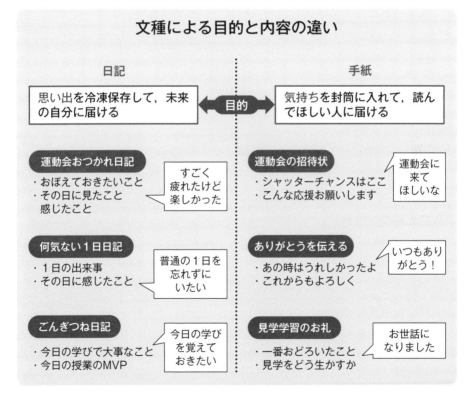

28

文学的な文章を書く活動はダイジェストで

1 物語を創作する面白さは書かなくても味わえる

　物語を書かせる活動は，時間がかかる，個人差が大きい，評価が難しいと授業者に二の足を踏ませる要素ばかりです。ただし，創作の面白さは物語を完成させなければ味わえないわけではありません。**以下に挙げる３つだけでも，創作の難しさと面白さに気付かせることができます。**もちろんそこには子どもがこれまでにどんな物語をどのように読んできたかが表れるのです。

2 文学的な文章を書く時に行う３つの創作場面

①**物語の設定を創る**

　物語が始まるベースとなる「時・場・人」を考えさせます。ここでカギとなるのは「必然性」。江戸時代の話には江戸時代である必然性が求められるのです。また，中心人物には事件につながる特徴を付与しましょう。

②**事件の展開を創る**

　人物に何かしらの事件が起こることで，展開場面が始まります。事件が変化したり広がったりして，「クライマックス」で一気に解決します。冴えた方法で解決できるよう様々な物語を参考にさせましょう。

③**人物の変容を創る**

　小学校で読む多くの物語では，事件を解決することによって中心人物は少しだけ成長します。最初と最後でどのように変容するのかを考えさせましょう。高学年の子どもには内面的な変化がある物語に挑戦させたいですね。

3 文学的な文章を書く授業の実際

　子どもの発達段階によっては，創作が必要な部分をさらに絞った活動を考える必要があります。例えば「お手紙」（光村図書２年）は「設定」（前ばなし）場面がないことと，人物が"キャラ立ち"しているため，二次創作がしやすい教材です。子どもは「②事件の展開を創る」だけに絞ってアイディアを出していけばよいのです。教材文の読解の際に並行読書や発展読書として他の「がまくんとかえるくん」シリーズを読んでおけば，がまくんが困った状況に陥っていっぱいいっぱいになっている時に，かえるくんが素敵なアイディアと優しい言葉で解決に導くというストーリーラインに乗せて，書き進めることができるはずです。交流ではがまくんらしい，かえるくんらしい言動になっているかどうかを読み合うことになります。

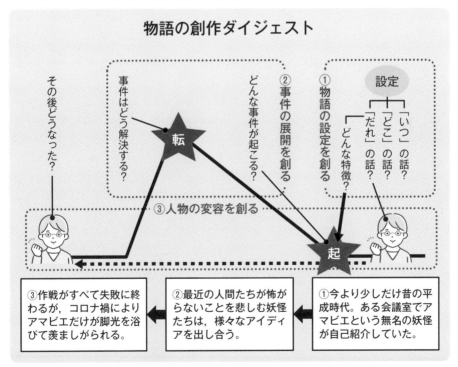

物語の創作ダイジェスト

設定

| 「いつ」の話？ |
| 「どこ」の話？ |
| 「だれ」の話？ |
| どんな特徴？ |

① 物語の設定を創る

② 事件の展開を創る
どんな事件が起こる？

事件はどう解決する？
転

その後どうなった？

③ 人物の変容を創る

起

①今より少しだけ昔の平成時代。ある会議室でアマビエという無名の妖怪が自己紹介していた。

②最近の人間たちが怖がらないことを悲しむ妖怪たちは，様々なアイディアを出し合う。

③作戦がすべて失敗に終わるが，コロナ禍によりアマビエだけが脚光を浴びて羨ましがられる。

第5章 読むこと（説明的文章）の指導

29

説明文の典型（基本構成）を
おさえる

1　説明的な文章の基本的な構成

　説明的な文章を読む大きな目的は，筆者が何をどう説明しているのか適確に理解することです。その論理展開を知るためには段落単位の構造をおさえる必要があります。モデルとして，基本となる三部構造にあてはめましょう。

①**はじめ（序論）**…文章全体の方向性を示す機能

②**なか（本論）**　…具体的な事例の説明を行う機能

③**おわり（結論）**…文章全体をまとめて結論を示す機能

　もちろん「はじめ」や「おわり」が書かれていない二部構造もありますが，典型を学んでおくことで書かなかった理由が類推できるようになるのです。

　「はじめ - なか - おわり」のつながり方にも大まかな典型があります。

①**問い - 答え - まとめ**　　…低学年教材に多い「問い - 答え」の基本の型

②**話題提示 - 説明 - まとめ**…様々な事例を説明する教材で使われる型

③**仮説 - 論証 - 結論**　　　…実験の過程や結果の解説に多い，仮説検証の型

　この典型をベースとして，筆者は様々な段落構成の工夫をしていくのです。

　さらに，「はじめ」と「おわり」には次の要素もあります。

①**導入**　…話題への誘導，興味の喚起，前提の提示

②**むすび**…さらなる問題や課題の提起，筆者の感想

　また，多くの説明的な文章は帰納的・演繹的に論が進むため，「なか」に複数の事例が書かれます。それらの事例の関係は以下の２つに分かれます。

①**並列型**…「なか」の順番が入れ替え可能（順番には筆者の意図がある）

②**展開型**…「なか」の順番が入れ替え不可（順に論理が展開されていく）

2 説明的な文章の構造を捉える授業の進め方

　多くの授業で，段落（意味段落）分けは読解の前半に行われるのに対して，段落構成の工夫を探る活動は後半に置かれています。しかし，本文の理解が進んでいないのに，接続詞や問いかけ，まとめの言葉だけをヒントに段落の境目を探させるのは，子どもに〇か×かのクイズを出しているようなものです。ですから，本文の内容を捉えつつ段落の機能に気付いていけるような授業を組み立てる必要があります。

　まずは分かりやすい段落のまとまりである「なか」の「事例」を見つけるところから始めましょう。いくつの事例があって，「並列型」か「展開型」かが判断できたら，「まとめ」が見えてきます。あとは「まとめ」に対応する「問い」や「話題」を見つければ，三部構造がよく分かるはずです。

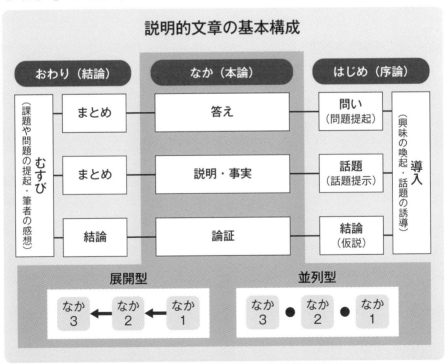

30
４つの基本文型を捉える

1 説明的な文章の基本文型

　説明的な文章は「はじめ」「なか」「おわり」という三部構造で捉えられますが，結論や主張がどの部に位置するかにより，さらに４つの基本文型に分けられます。この４つの文型は，**論の展開の分かりやすさによって系統立てられていることに留意して指導しましょう。**

2 ４つの基本文型

①**頭括型**…「はじめ」に結論や主張が述べられる型です。１年生の教材によく見られ，結論と事例との関係を捉えやすいのが特徴です。事例を紹介するタイプの説明文に多く使われます。

②**追歩型**…結論や主張が明確には述べられない型です。２年生の教材によく見られ，時間的な順序や事柄の順序に沿って書かれているのが特徴です。生き物の成長や１日・１年間の活動，物の作り方の手順などを説明する時に多く使われます。

③**尾括型**…「おわり」に結論や主張が述べられる型です。説明文の論の進め方としては最も基本的なもので，多くの教材で使われています。複数の事例から帰納的に結論を導き出す書かれ方をしているのが特徴です。

④**双括型**…「はじめ」と「おわり」に結論や主張が述べられる型です。「はじめ」では前提として筆者の主張や結論の骨子が述べられ，「おわり」では事例で挙げた根拠を基に再度主張や結論を述べるという特徴があります。

3 説明的な文章の基本文型を捉える授業の進め方

　尾括型の文章は「はじめ」「なか」「おわり」の三部構成と親和性が高いので，３・４年生までは「このように」という接続語に気を付ければすぐにまとめの位置が分かりました。しかし５・６年生で双括型の文が出てくると，途端に分かりにくくなります。ですから，段落構成を問う授業では「はじめ」の結論（結論①）と「おわり」の結論（結論②）を比較する活動を大切にしなければなりません。

　例えば，「時計の時間と心の時間」（光村図書６年）では，結論①で「『心の時間』に目を向けることがとても重要」，結論②で「『心の時間』を頭に入れて『時計の時間』を道具として使う」大切さを述べています。結論①から結論②へと筆者の主張が具体化・明確化していることがよく分かります。

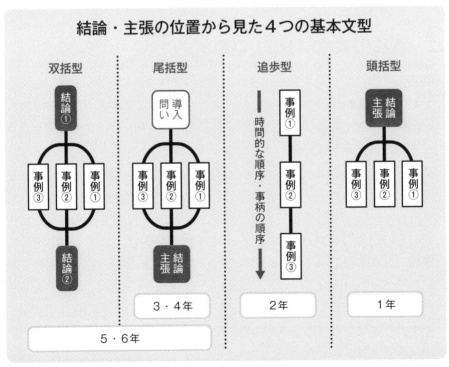

結論・主張の位置から見た４つの基本文型

31

要約・要点・要旨を区別する

1 説明的な文章読解の要

　説明文であれ論説文であれ，説明的な文章で求められるのは，目的に応じた的確な読みです。ある時は1つの段落に焦点を当ててカギとなる言葉を抜き出し，ある時は全体を見通しながら抽象的な記述をまとめる。そういった**多様な読解を通じて，教材の解像度を上げていくこと**が大切なのです。

2 「要約」「要点」「要旨」の違い

①**要約**…中心となる語や文を確かめながら，文章全体のあらましをまとめる活動で，その結果書かれた文を要約文と言います。要約には，全体の役割を基に大切な文や言葉を見つけ出す力と，見つけた文や言葉を簡潔な言葉にまとめて表現する力の2つが求められます。

②**要点**…形式段落など一まとまりの表現内容の中心となる部分が要点です。すべての段落に必ず要点となる文やことばが含まれるわけではありません。しかし，各段落の要点を一文で短くまとめる活動を設けるのも内容把握のためには効果的です。

③**要旨**…文章全体の中で筆者が述べようとする考えの中心となるものが要旨になります。説明文や記録文では題材そのものが，論説文では筆者の主張が，それぞれ要旨となります。ほとんどが結論・主張部分に書かれているため，基本文型（頭括型・尾括型・双括型）と照らし合わせながら探る必要があります。

3 実際の授業における要約学習の進め方

　要約学習について学習指導要領では，低学年で「内容の大体を捉える」，中学年で「叙述を基に捉える」，高学年で「文章全体の構成を捉えて要旨を把握する」というように系統立てて書かれています。だからといって，説明的な文章の読解でいつも同じ段階を踏む必要はありません。例えば，筆者の主張に対する意見文を書く言語活動につなげたいのであれば，要旨をまとめることがゴールになります。また，説明文の内容を紹介するパンフレットを書く言語活動であれば全体の要約をしなければなりません。単元のねらいと教材の特徴を基に，子どもにつけたいことばの力を明確にして計画していきましょう。

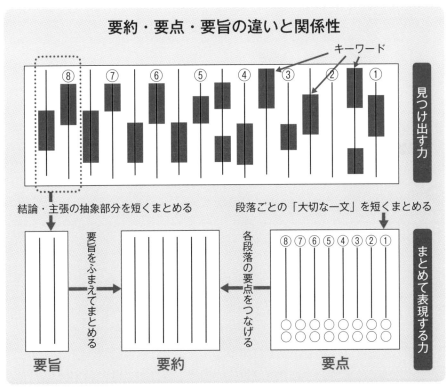

要約・要点・要旨の違いと関係性

32

意見と理由と事実を区別する

1　意見と理由と事実を区別する意義

　我々教師は子どもが意見を言う際「必ず根拠を付けなさい」と指導します。しかし，例えば「ごんぎつね」の最後の場面について「悪い終わり方だと思います。最後にごんが死んでしまったからです」「よい終わり方だと思います。最後にごんが死んでしまったからです」という2つの意見が出たらどうしますか。意見は真逆なのに根拠は同じ。このままでは議論も平行線でしょう。これは「悪い終わり方だと思う」という意見と，教材文から明確に読み取れる「ごんが死んだ」という根拠をつなぐ「せっかく分かり合えたのに」という理由が明らかではないからです。**特に筆者が論理的に自分の論を展開する説明的な文章では，「意見」と「理由」と「事実（根拠）」を明確に区別することが求められます。**

2　「意見」「理由」「事実」の違い

①**意見**…個人の思考や判断のことです。論説文では主張，説明文では結論に当たります。AかBか，好きか嫌いか，人間は立ち位置となる意見を決めた後，その理由を探すという順番で思考を始めます。

②**理由**…解釈のことです。意見と事実をつなぐ結節点の役割をもちます。そのため筆者の個性的な思考過程がよく見える部分でもあります。

③**事実**…根拠となり得る客観的な事象や出来事です。客観的と言いながら，事実は筆者の主観で選ばれていることを忘れてはいけません。

3 授業における「事実」「理由」「意見」の指導

　「事実」と「意見」と「理由」の違いを見極めるためには，「はじめ」「なか」「おわり」の３部構造および「頭括型」「尾括型」「双括型」の基本文型と照らし合わせることが必要です。

　例えば「メディアと人間社会」（光村図書６年）では，「本論」部に事例として「手紙・本」「ラジオ」「テレビ」「インターネット」という４つのメディアの発達とそれぞれのメリット・デメリットが挙げられています。これらはいずれも多くの人が納得できる「事実」として書かれています。この事実を「序論」と「結論」で「人間の欲求と関わりながら進化してきた」と括り，「結論」末尾の文で筆者が大切だと思うことを主張しているのです。

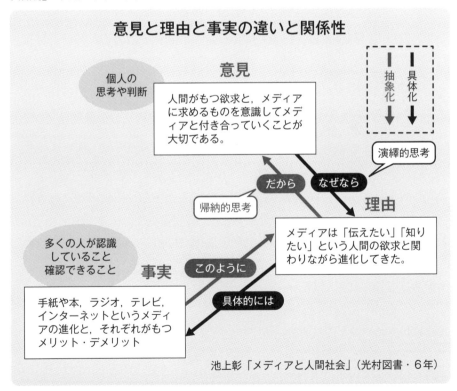

意見と理由と事実の違いと関係性

抽象化　具体化

意見

個人の
思考や判断

人間がもつ欲求と，メディアに求めるものを意識してメディアと付き合っていくことが大切である。

演繹的思考

だから　なぜなら

帰納的思考

理由

多くの人が認識
していること
確認できること

事実　このように

メディアは「伝えたい」「知りたい」という人間の欲求と関わりながら進化してきた。

手紙や本，ラジオ，テレビ，インターネットというメディアの進化と，それぞれがもつメリット・デメリット

具体的には

池上彰「メディアと人間社会」（光村図書・６年）

33

具体と抽象を区別する

1 具体と抽象を区別する意義

　説明的な文章とは，書き手の主張や結論を，読み手に納得を伴って伝えるものです。ですから，あらかじめ読み手が感じるであろう「これはどういうことなのか例を挙げてほしい」「結局どういうことなのか最後にまとめてほしい」という思いに合わせて，詳しく書いたりまとめたりする必要があるのです。これは**「具体」**と**「抽象」の繰り返し**とも言い換えることができます。説明的な文章を読む時には具体と抽象の関係に気を付けましょう。

2 具体と抽象のレベル（下に行くほど教材文内での抽象度が上がる）

①**言葉レベル**…ある言葉を具体化したり抽象化したりして言い換える場合があります。「上位語」「下位語」で説明できます。

②**文レベル**　…文と文が具体と抽象の関係にある場合，接続詞や文末表現，文の長さがヒントになります。

③**段落レベル**…段落同士が具体と抽象の関係になっている場合があります。複数の具体を一段落でまとめる関係も見られます。

④**構造レベル**…「はじめ」→「中」→「おわり」は，「抽象」→「具体」→「さらなる抽象」という関係になっています。

⑤**要旨レベル**…説明文の結論部分や論説文の主張といった要旨は，本文全体を抽象化したものになります。

⑥**題名レベル**…題名は教材文の内容を最も抽象化したものだと言えます。

3 授業における具体と抽象の指導

　前述の通り，説明的な文章は具体と抽象の繰り返しで成り立っているので，そのすべてを捉えようとすると子どもは苦しみ，時間も足りなくなります。各時間のねらいに応じてピックアップしていきましょう。例えば，「なか」部に示された事例を読む場面では，「つまりゴマダラチョウはどうやって身をかくしているのですか？」と抽象に視点を当てると内容を大づかみにすることができますし，「この『こん虫』とは，例えば何ですか？」と具体に視点を当てると，細かい記述に目がいきます。それら具体と抽象の関係を，矢印や包含図を用いて適切に可視化することで，筆者の意図と表現の工夫に気付くことにつながるのです。

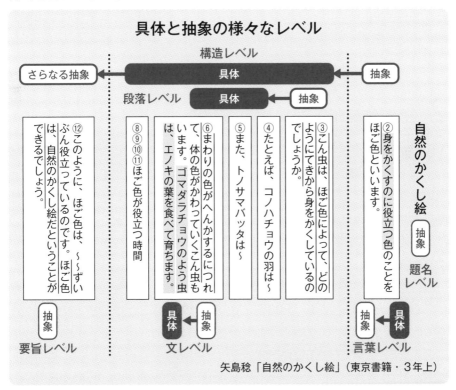

具体と抽象の様々なレベル

矢島稔「自然のかくし絵」（東京書籍・3年上）

081

34

段落相互の関係を明確にする

1　段落構成を可視化する

　「はじめ・なか・おわり」という三部構造，「頭括型・尾括型・双括型（追歩型）」というまとめの位置による基本文型，「具体と抽象」「事実と意見と理由」という内容のレベル差と，説明文は切り込む視点によって様々な面白さがあります。しかしその論理構造はすべて，形式段落を一単位とする関係性によって説明できます。その関係性を分かりやすく可視化したのが，以下に紹介する文章構成図なのです。

2　発達段階に応じた文章構成図の例

①説明文の家

　1つの形式段落を1つの部屋に，教材文全体を家に見立てる可視化です。建物を使うことで「柱の段落」「はじめとおわり（入り口と出口）」「"大部屋""小部屋""段落"という階層構造」などが伝わりやすくなります。そのため，段落構造を学ぶ3年生から活用しやすいモデルになります。

②文章構成図

　段落と段落のつながりを線でつなぐ可視化です。「説明文の家」では分かりにくかった事例の関係（展開型・並列型）を示すことができます。また，基本の形がシンプルなため，「問い」「答え」「説明」「まとめ」といった段落の働きを書き込むことも容易です。

3 授業における段落関係の指導

　段落相互の関係を可視化するためには，教材文に書かれた内容を的確に理解する必要があります。そのため，読解の終盤に位置付けられることがほとんどです。中学年の場合，形式段落の１つを小部屋として，まずは段落内容を一文に要約するところから始めましょう。小部屋ができたら，次に事例部分を「なか１」「なか２」といった中部屋に分けます。そして最後に「はじめ」「なか」「おわり」の大部屋に分けていきましょう。教材文の内容を読み取れているかを評価する言語活動として，１人でこの家をつくれることが目標となります。高学年の場合，文章構成図を使って段落同士の関係を考えさせましょう。特に二股・三股の分岐に気付くことがポイントとなります。

段落相互の関係を表した図

文章構成図の例

説明文の家の例

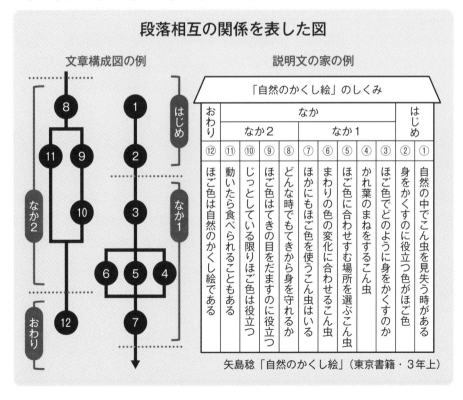

「自然のかくし絵」のしくみ

おわり	なか（なか２）				なか（なか１）					はじめ	
⑫	⑪	⑩	⑨	⑧	⑦	⑥	⑤	④	③	②	①
ほご色は自然のかくし絵である	動いたら食べられることもある	じっとしている限りほご色は役立つ	ほご色はてきの目をだますのに役立つ	どんな時でもてきから身を守れるか	ほかにもほご色を使うこん虫はいる	まわりの色の変化に合わせるこん虫	ほご色に合わせてすむ場所を選ぶこん虫	かれ葉のまねをするこん虫	ほご色でどのように身をかくすのか	身をかくすのに役立つ色がほご色	自然の中でこん虫を見失う時がある

矢島稔「自然のかくし絵」（東京書籍・３年上）

35

説明文と論説文を区別する

1 文種が変わればねらいも変わる

　段落分けをして，三部構成に分けて，各段落の要点をまとめて，要旨を読み取って…という定型に沿った授業がほとんどの教室で行われています。この定型が悪いのではなく，**説明的な文章という括りだけで１年生も６年生も同じように授業を進めることが問題なのです。**「説明文」と「論説文」では筆者の目的が違うのですから。**説明文は「主材」を分かりやすく伝えることが，論説文は説得力をもって「主想」を主張することが目的となるのです。**

　　主想…筆者がこの文章を書いた目的

　　主材…筆者がこの文章で中心とする題材

2 説明文と論説文の特徴

①説明文

　すでに社会の中で一般化され，定説になっている事柄を扱います。筆者はその分野の専門家が主となります。想定する読者はその事柄について十分認知をしていない人です。そのため，専門的な事例をいかに分かりやすく伝えるかに主眼が置かれる場合がほとんどです。

②論説文

　いまだ社会の中で一致をみない事柄を扱います。筆者はそれに対する意見や仮説を出したり，定説とされている意見に反論したりします。そのため，自説にいかに説得力をもたせるかに主眼が置かれます。

3 説明文と論説文の違いを生かした指導

　説明文は，主材となる事例をいかに分かりやすく伝えるかに注力して書かれています。ですから，分かりやすくするための表現技法に着目して読んでいきましょう。「すがたをかえる大豆」（光村図書3年）では，固い大豆をおいしく食べる工夫が複数の事例として挙げられます。事例の順序や事例ごとの抽象と具体の組み合わせ，話題提示がどう書かれているかに注目です。

　それに対して論説文は，一般論ではない自説に，いかに説得力をもたせるかに注力されています。ですからその主張に齟齬はないか，挙げられた根拠は十分な説得力をもっているかを確かめる活動が中心となります。「時計の時間と心の時間」（光村図書6年）では「時計の時間」と「心の時間」を切り口に，時間と付き合う知恵をもてという主張が展開されます。その主張に説得力をもたせる事例の挙げ方がいかに効果的かに着目して読みましょう。

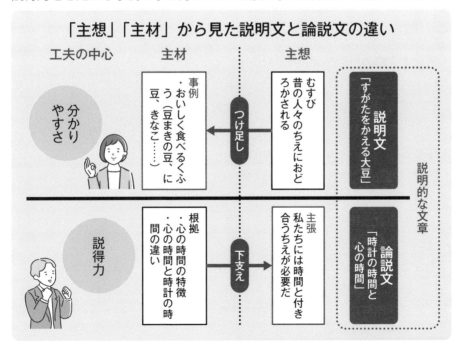

「主想」「主材」から見た説明文と論説文の違い

36

自分の考えをもちながら読む

1 受動的な読みに終わらないために

　説明的文章を読む姿勢として，「内容を正確に捉える」ことが重要なのは言うまでもありません。しかし，子ども一人ひとりが異なる存在である限り，受け止め方が変わるのもまた当然です。この，正確な読みと個性の表れる読みをねらいに応じて授業に落とし込むことが大切です。

2 自ら考えながら読む視点

①吟味する読み（Critical Reading）

　「本当にそうだろうか？」という思考を働かせる読みです。「Critical」を「批判的」と捉えると教材の粗を探すマイナスな活動にも思えますが，本来は自分との対話を重ねながら教材への評価を確かにする建設的なものです。

②埋める読み（Creative Reading）

　「省略や空所には何が書かれるだろうか？」という思考を働かせる読みです。説明文にしろ論説文にしろ，小学生向けに書かれる時点で難しい理論の説明は削られ，事例も絞られます。それら書かれていない部分を想像で補う創造的な活動です。

③引き寄せる読み（Personal Reading）

　「自分だったらどうだろうか？」という思考を働かせる読みです。「他人ごと」から「自分ごと」へと立ち位置を変えることで，日常生活や過去の体験と結び付けて考える態度が生まれます。

3 説明文の読解で自分の考えをもたせるには

　説明的な文章は，文学的な文章に比べて読者が想像を膨らませる余地が少ないため，正解を見つける単調な読みになってしまうことがあります。それを防ぐためには，子どもの思考をくすぐり，揺さぶるような問い返しが有効です。

　例えば「自然のかくし絵」（東京書籍３年）の３つの事例を読む場面。抽象と具体，事例同士の対比，文と文のつながりなどの切り口から，３種類の昆虫の保護色について適切に理解できたであろう子どもを揺さぶります。「あなたなら，どの昆虫になって隠れる？」子どもは自分の意見を即決した後，それを補強するための根拠や理由を様々なところから探し始めます。受動的な読みが能動的に変わりだす瞬間がそこにあります。

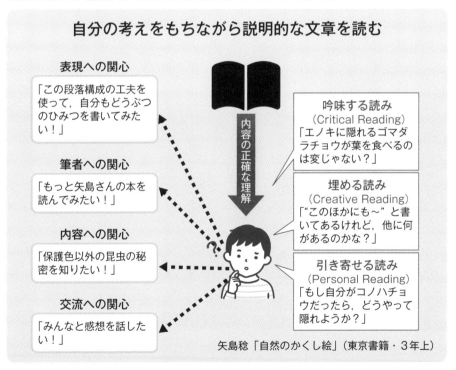

自分の考えをもちながら説明的な文章を読む

表現への関心
「この段落構成の工夫を使って，自分もどうぶつのひみつを書いてみたい！」

筆者への関心
「もっと矢島さんの本を読んでみたい！」

内容への関心
「保護色以外の昆虫の秘密を知りたい！」

交流への関心
「みんなと感想を話したい！」

内容の正確な理解

吟味する読み
（Critical Reading）
「エノキに隠れるゴマダラチョウが葉を食べるのは変じゃない？」

埋める読み
（Creative Reading）
「"このほかにも〜"と書いてあるけれど，他に何があるのかな？」

引き寄せる読み
（Personal Reading）
「もし自分がコノハチョウだったら，どうやって隠れようか？」

矢島稔「自然のかくし絵」（東京書籍・３年上）

第6章 読むこと（文学的文章）の指導

37

物語の典型（基本構成）を
おさえる

1　物語の典型的な構成とは何か

　多くの物語の場面は，4つの部に分けて考えることができます。

「設定」…「いつ・どこ・だれ」と中心人物のおかれた状況が語られる

「展開」…事件が起き変容するとともに，重要人物との出会いが語られる

「山場」…中心人物の変容と事件の解決が語られる

「結末」…その後の人物や事件がどうなったかについて語られる

　また，作中の事件（出来事）に着目すると，4つの点に焦点が当たります。

「起」…事件が起きる瞬間

「承」…事件が変容・拡大する瞬間（複数ある）

「転」…中心人物がもっとも大きく変容する瞬間

「結」…事件が解決した瞬間

　なぜ物語を読む時に，上記のような4つの部と4つの点をもった典型的な構成を意識した方がよいのでしょうか。それには3つの理由があります。

①場面の変化を捉えやすくする

　「ある日」と書かれれば何か事件が起きる，「1年後」と書かれれば事件後の説明が始まるというように，場面の変化に鋭く気付くためです。

②物語の展開を見通して読めるようにする

　「この人物は『転』で再登場するのでは？」「不幸な『結末』になりそうだ」といった展開の見通しをもって物語を読み深めるためです。

③作者の表現の工夫に気付きやすくする

　「設定」と「結末」を比較することで，何がどう変わったかを意識したり，

事件のつながりを読むことで伏線を見つけたりと，作者の表現の工夫に気付くためです。

2 典型的な構成を学びに生かす

　もちろん，このような典型で書かれた物語の方が少ないので，初めて出合う物語を無理矢理当てはめることは子どもの主体的な読みにはつながりません。ただし，**典型を知っていればこそ典型を外すことで生まれる作品の面白さに触れることができる**のです。「ごんぎつね」には「結末」がありませんが，では「設定」で村の茂平じいさんに伝えたのは誰なのでしょう。「大造じいさんとガン」の「前ばなし」の有無はどんな影響を与えるのでしょう。

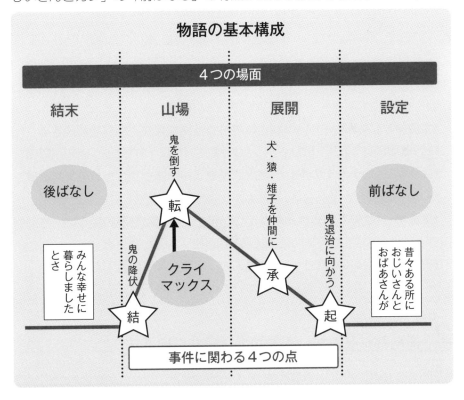

物語の基本構成

４つの場面

結末　山場　展開　設定

後ばなし　　前ばなし

みんな幸せに暮らしましたとさ

鬼を倒す
転
クライマックス
鬼の降伏
結

犬・猿・雉子を仲間に
承

鬼退治に向かう
起

昔々ある所におじいさんとおばあさんが

事件に関わる４つの点

38

教材の特徴を生かして
補助教材を選ぶ

1　その物語だからこそ味わわせたい面白さとは

　子どもが物語を読む時に，教材との「一回性」を考えたことはあります
か？　例えば，「ごんぎつね」は４年生の秋に読むべき教材です。これは，
他者理解がある程度できるようになった10歳前後の子どもでなければ，クラ
イマックス場面を読み取るのが難しいからです。教科書教材はどれも系統性
をよく考えて配当されているのですが，「教科書に載っているから読む」の
と「この作品でしか味わえない面白さがあるから読む」のとでは授業に向か
う構えがまるで違ってきます。教材の特徴を適切に捉えておくとともに，そ
の面白さに気付かせるための補助教材にも心を砕きましょう。

　（主教材）「スイミー」…中心人物がもつ特別な資質が事件を解決する
　→（補助教材）「フレデリック」「かさこじぞう」「ちからたろう」など
　（主教材）「モチモチの木」…普段は弱虫でもいざとなったら勇気を出す
　→（補助教材）「走れ」「三年寝太郎」「まいごのかぎ」など
　（主教材）「世界でいちばんやかましい音」…設定と結末の美しい対称関係
　→（補助教材）「わらぐつの中の神様」「ハリネズミと金貨」
　（主教材）「海のいのち」…人は個人的な経験を経て成長する
　→（補助教材）「帰り道」「名前つけてよ」「大造じいさんとガン」

2　補助教材を生かして物語の面白さに迫る

　「大きなかぶ」では，登場人物がどんどん増えていき，力を合わせてよう

やくかぶが抜けるところに子どもは面白さを感じます。そこで次に『てぶくろ』を読ませると，出てくる動物がどんどん大きくなっていく点に違いを感じ，**登場人物の規則性**に目が向くようになります。さらに『おだんごぱん』を読ませると，人物の大きさという規則性が通じないことに気付き，そこから**最後に登場する人物の重要性**に気付くことになるのです。

「ごんぎつね」の面白さは，**ごんと兵十の変容する心情のずれ，そしてようやく気持ちが通じた時は，すでに別れが確定している悲劇性**にあります。読後に同じ新美南吉が書いた『巨男の話』を読ませます。すると，２人の気持ちがすれ違ったまま終わるカタルシスの無さや，巨男が最初から善人であることによる変容の少なさに気付き，**「ごんぎつね」が名作である所以**が理解されていくのです。

教材の特徴を生かした補助教材の例

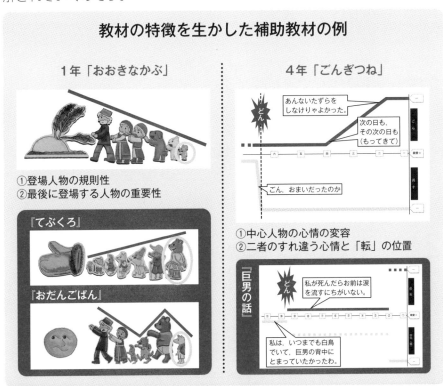

1年「おおきなかぶ」

①登場人物の規則性
②最後に登場する人物の重要性

『てぶくろ』

『おだんごぱん』

4年「ごんぎつね」

あんないたずらを
しなけりゃよかった。

次の日も，
その次の日も
（もってきて）

ごん，おまいだったのか

①中心人物の心情の変容
②二者のすれ違う心情と「転」の位置

巨男の話

私が死んだらお前は涙
を流すにちがいない。

私は，いつまでも白鳥
でいて，巨男の背中に
とまっていたかったわ。

39

「設定」を三要素で捉える

1 「設定」場面では何を読み取ればよいのか

　物語の典型で示した4つの基本場面には，それぞれ大切な機能があります。では「設定」場面のもつ機能とは何でしょうか。それは冒頭部分に以下の三要素を示すことで，**読み手に物語の大枠を捉えさせること**にあります。

①「時」（時代はいつ？　季節は？　時間は？）

　作者は物語の時を意図的に選んでいます。過去か未来か，戦争中か平和な時代か，春か秋かなど，時の設定により予想される展開が変わります。

②「場」（主な舞台はどこ？）

　設定で示される場も，物語を読み解く大きな材料です。舞台が田舎であるなら田舎である必然性があり，その場に合った事件が起こるのです。

③「人」（登場人物は誰？　中心人物は？　対人物は？）

　多くの物語では，設定場面で中心人物の人となりが語られます。中心人物のおかれた状況やもっている人間性が，物語を進める原動力となります。

2 人物の設定は特に丁寧に読み取る

「中心人物」　…物語の中で，最も大きく変容するのが中心人物です。事件（出来事）が起こる前提として，何かしらバランスが崩れた状況にあるので，それをおさえておく必要もあります。

「対人物」　　…中心人物が変容する上で，最も大きな影響を与えるのが対人物です。設定場面では出てこない場合もあります。

3 「設定」場面をどう授業に組み込むか

　物語を読む授業では，初読の段階で設定の三要素「時・場・人」をまとめる活動を必ず位置付けましょう。この後「展開」「山場」「結末」で**何がどう変容していくかを読む時に，何度も立ち返る土台となる**ためです。

　例えば「ごんぎつね」の設定場面では，ごんが「ひとりぼっち」の「小ぎつね」で，「しだのいっぱいしげった森の中に，あなをほって住んで」いると書かれています。ここから賢いごんの人物像と，寂しい状況が見えてきます。さらに「いたずらばかりしました」というふだんの様子をおさえておくことで，後の変容と比較することができるようになるのです。

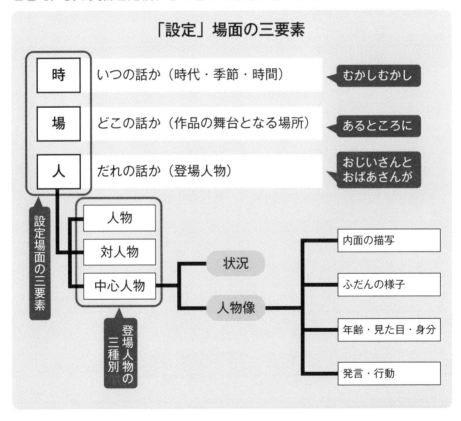

「設定」場面の三要素

時	いつの話か（時代・季節・時間）	むかしむかし
場	どこの話か（作品の舞台となる場所）	あるところに
人	だれの話か（登場人物）	おじいさんとおばあさんが

設定場面の三要素

- 人物
- 対人物
- 中心人物 ── 状況
　　　　　　── 人物像 ── 内面の描写
　　　　　　　　　　　　── ふだんの様子
　　　　　　　　　　　　── 年齢・見た目・身分
　　　　　　　　　　　　── 発言・行動

登場人物の三種別

40

「変容」をミクロとマクロで捉える

1 　2つの変容を読み取る

　物語が子どもにとって魅力的に映るのは，そこに変容があるからです。弱かった人物が強くなる，困難な状況に居た人物が解放される，そんなカタルシスがあるからこそ，読んでいる子ども自身の心情も変容していくのです。物語の変容を捉えるためには**ミクロとマクロの2つのスケール**が必要です。

①ミクロの変容

　物語の「転（クライマックス）」における，あること（多くは中心人物の心情）の変容を捉えるには，次の3つの視点が切り口となります。

> ・「何が」…中心人物の心情，身体や状況が
>
> ・「どうして」…対人物との交流，カギとなる事物との出合いにより
>
> ・「どのように」…葛藤から決断へ，苦悩から解放へ，紛糾から解決へ

②マクロの変容

　物語全体で何が変容したかを捉えるには，次の3つの視点で最初の「設定」場面と最後の「結末」場面を見比べることが大切です。

> ・「時」…最初から最後まで時間がどれだけ流れたか
>
> ・「場」…物語はどこで始まり，どこで終わりを迎えたか
>
> ・「人」…人物はどう成長したか，状況はどう変わったか

2 物語の変容をどう授業に組み込むか

　多くの物語では，**クライマックスでは「心情」の変化**，**設定―結末では「成長」**という形で変容を描いています。下図の「海のいのち」（東京書籍6年）を見ても分かるように，クライマックスにおいて瀬の主に対する葛藤に決着を付けるというミクロの変容が，物語の最初と最後におけるマクロの変容に大きな影響を及ぼしています。

　もちろん，**人物の成長という形をとらない変容**もあります。「世界でいちばんやかましい音」は，「世界でいちばんやかましい町」から「世界でいちばん静かな町」へと町ごと人ごと変容するというダイナミックなものです。人物の心情よりも物語の構成を読むのに適している教材だと言えるでしょう。

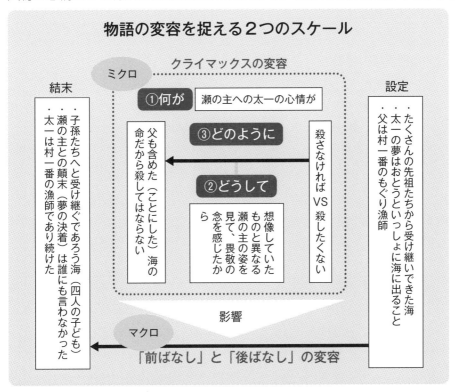

物語の変容を捉える２つのスケール

クライマックスの変容

ミクロ

結末 / 設定

①何が　瀬の主への太一の心情が

③どのように

②どうして

殺さなければ　VS　殺したくない

父も含めた（ことにした）海の命だから殺してはならない

想像していたものと異なる瀬の主の姿を見て，畏敬の念を感じたから

結末
・子孫たちへと受け継ぐであろう海（四人の子ども）
・瀬の主との顛末（夢の決着）は誰にも言わなかった
・太一は村一番の漁師であり続けた

設定
・たくさんの先祖たちから受け継いできた海
・太一の夢はおとうといっしょに海に出ること
・父は村一番のもぐり漁師

影響

マクロ

「前ばなし」と「後ばなし」の変容

41

人物関係を読む

1 見えにくい関係を可視化する

　物語の中心人物を理解しようと思っても，その人物の言動だけでは深く読み取れないことが多々あります。人物像とは他の登場人物とのやりとりの中で位置付けられるものだからです。この人物関係を可視化するために使われるのが「人物関係図」です。

①人物関係図の書き方

(1) 中心人物を真ん中にして，登場人物を配置しながら書き込む

(2) 関係が明確になるよう人物間に矢印を書く（矢印の太さで思いの強弱を表したり，線の色やアイコンを使って感情の正負を示したりといった工夫も）

(3) 教材文から関係を示す根拠となる言葉を抜き出す（四角囲み）

(4) 根拠となる言葉から分かる人物の心情を考えて書く（吹き出し）

②人物関係図の使い方

　単元内のどの時間に書かせるかによって，ねらいとする効果が変わってきます。

・**最初**…物語の人物設定についての理解に役立ちます。登場人物をすべて抜き出せたか，人物間のつながりが読み取れているかを見取ります。

・**中盤**…クライマックス前後の人物関係の変化を理解することができます。

・**終盤**…子どもそれぞれが作品から受け取った主題をまとめる時に役立ちます。人物関係や心情を表す言葉に，読みの深まりが現れます。

2 人物関係をどう授業に組み込むか

　人物関係で焦点化すべきは，中心人物と対人物が互いをどう思っていて，それがどう変容していくかについてです。ですから，**対人物の設定が明確な教材ほど，人物関係を可視化した時の効果が高い**と言えます。

　下図は東京書籍４年の「走れ」ですが，３人の人物から出ている矢印が，クライマックス前後で大きく変わっていることが分かります。このような，場面によって視点が当たる人物が変わる物語や，「風切るつばさ」（東京書籍６年）のような人物の関係性が変わっていく物語はぜひ関係図を用いて関係を明らかにしましょう。また「海のいのち」の大魚や「大造じいさんとガン」の残雪のような登場人物ではないと考えられるものも，関係図に位置付けることで中心人物の心情理解に役立ちます。

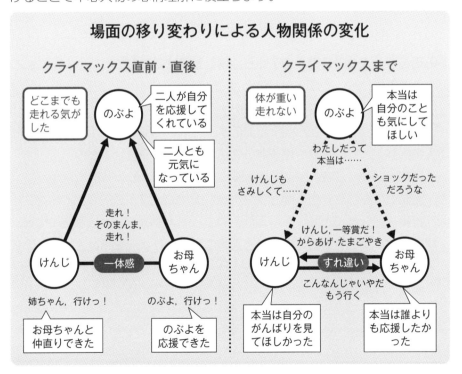

42

描写を読む

1　描写には読解のヒントが隠れている

　人の心は「楽しい」「悲しい」の一言で表せるほど単純ではありません。また，つらくても心配をかけまいと作り笑顔を見せるように，人の心は見た目通りではないこともあります。ですから物語の読解においても，**人物の心情を捉えるためには，説明ではなく様々な描写をヒントにする必要がある**のです。

①**心理描写：人物の言動や様子から心情を想像させるもの**
- ・**心内表現**…「こわかった」のように心の中が直接表現された言葉
- ・**会話**…「ぼくが，目になろう」のように人物の心の中が想像できる発言
- ・**行動**…「うんと，かんがえた」のように人物の心の中が想像できる行動

②**人物描写：人物の言動や様子から性格や人柄を想像させるもの**
- ・**設定**…「いっぴきだけは～まっくろ」のような人物の特徴
- ・**会話**…「みんなであそぼう」のような人物の性格が想像できる発言
- ・**行動**…「スイミーは，おしえた」のような人物の考え方が表れる行動

③**状況描写：風景や事物の様子から人物の置かれた状況を想像させるもの**
- ・**情景**…「光が～輝きながら交差する」のように心情を反映させた風景
- ・**象徴**…「青いけむり」のように価値や状況を見えるもので伝えること

　①→②→③の順に高度な読みが必要となります。

2 描写をどう授業に組み込むか

　子どもはその場面における中心人物の心情を「何となく」「大体は」理解しています。しかし「どの言葉からそう思ったの?」と**問い返した時に根拠とする言葉によって，子どもの理解度に大きな差がある**ことに気付くはずです。ほとんどの子どもは心情が直接書かれている「心内表現」や「発言・行動」を挙げるはずです。しかし「"東の空が真っ赤に燃えて"はじいさんのやるぞという気持ちを表している」「"負けず嫌いのじいさん"がうなるだけなんて，よほど参ってしまったのだろう」といった**「情景」や「設定」との関連に気付いた子どもがいれば，価値付ける**ことで視点を共有させましょう。

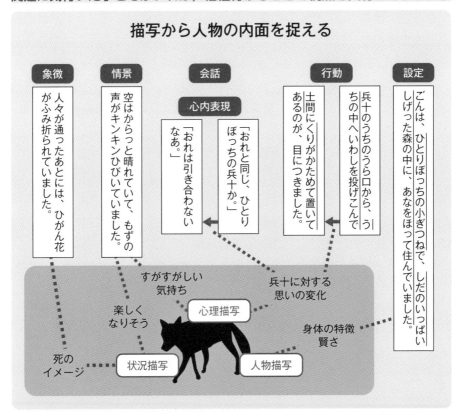

描写から人物の内面を捉える

象徴
人々が通ったあとには、ひがん花がふみ折られていました。

情景
空はからっと晴れていて、もずの声がキンキンひびいていました。

会話

心内表現
「おれと同じ、ひとりぼっちの兵十か。」

「おれは引き合わないなあ。」

行動
土間にくりがかためて置いてあるのが、目につきました。

兵十のうちのうら口から、うちの中へいわしを投げこんで

設定
ごんは、ひとりぼっちの小ぎつねで、しだのいっぱいしげった森の中に、あなをほって住んでいました。

すがすがしい気持ち

兵十に対する思いの変化

心理描写

楽しくなりそう

身体の特徴　賢さ

死のイメージ

状況描写

人物描写

101

43

作品の心を読む

1 物語の読解のゴールとは

　単元や授業時数の問題はひとまず置くとして，物語の読解のゴールはどこにあるのでしょうか。わたしはそれを**「作者が物語に込めた意図やメッセージを適切に読み取り，そこから受け取った人生観や価値観を自らの言葉で表現できた時」**だと捉えています。登山と同じく，読解には「そこに物語があるから」「ここに自分がいるから」という2つの立ち位置があります。

　「作者が何を伝えようとしているのか」を探ることで見える価値を**主題**，「読者が何を受け取ったのか」を探ることで見える価値を**作品の心**とします。

①主題…作品を根拠として読み取ることのできる作者の意図・メッセージ

　物語には作者が伝えたいメッセージが込められているという立場に立つと，構成や描写の工夫からは何らかの意図が見えてきます。それを明らかにするために「一般化を求める妥当な読み」を進めていくことになります。単元の前半では全体で読みを共有しながら最適な解を見いだしていきましょう。

②作品の心…作品を根拠として読み手が最も強く受け取った価値観・人生観

　物語から読者が受け取った印象や感動にこそ価値があるという立場に立つと，心を動かされた根拠が教材文のあちこちに見えてきます。それを明らかにするため「特化に向かう個別の読み」を進めていくことになります。単元の後半に発表や感想文という形で個別にまとめさせましょう。

　主題と作品の心は密接につながっていることを忘れてはいけません。

2 主題と作品の心をどう授業に組み込むか

「海のいのち」の感動は，漁師としての理と，夢にこだわる情との葛藤に苦しみつつ太一が答えを導き出すクライマックスにこそあります。ですから単元前半は「太一はなぜ瀬の主にもりを打たなかったのか」という大きな問いに対する妥当な答えを探していくことになります。それは作者が作品に込めた様々な根拠から，主題に近づいていく読みであると言えます。

全体で深めた読みを基に，単元後半では「自分は『海のいのち』から何を受け取ったのか」を形にする言語活動に移ります。主語を太一から自分に変え，作品の面白さを存分に表現する場を設けていきましょう。

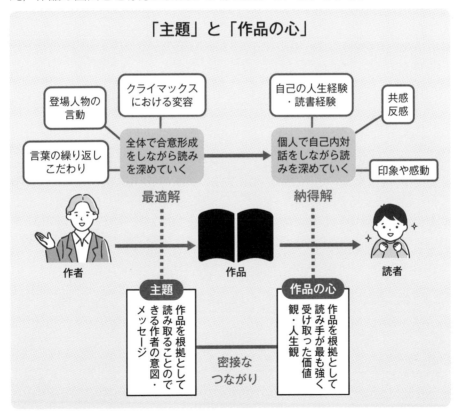

「主題」と「作品の心」

登場人物の言動

クライマックスにおける変容

言葉の繰り返しこだわり

全体で合意形成をしながら読みを深めていく

自己の人生経験・読書経験

共感反感

個人で自己内対話をしながら読みを深めていく

印象や感動

作者　　最適解　　作品　　納得解　　読者

主題
作品を根拠として読み取ることのできる作者の意図・メッセージ

作品の心
作品を根拠として読み手が最も強く受け取った価値観・人生観

密接なつながり

第7章 読むこと（詩）の指導

44

詩の表現技法を読む

1　詩の技法とは

　詩とは，作者が伝えたい心情を言葉のイメージのまま読み手に届ける表現です。多くの詩は説明や文脈がすっぱり切り落とされた形で提示されるので，**作り手がどのような表現技法を用いて工夫しているのか，その技法が読み手にどのようなイメージを喚起させるのか**，確かめながら読むことが必要です。

2　主な詩の技法13種

①リフレイン（反復）	詩の全体や一部の繰り返しでリズムを生む。
②律	五七や七五等の規則的な音数でリズムを生む。
③韻	行頭や行末に同一の音を繰り返しリズムを生む。
④オノマトペ	物の音や様子を音として表しリズムを生む。
⑤比喩	「たとえ」を用いて強調と広がりをもたらす。
⑥擬人法	人間以外のものに人間的な特性を与える。
⑦倒置法	語順を逆転して強調や余韻を生む。
⑧対句	類似した構造の句を並べ，リズムと強調を生む。
⑨体言止め	行・文末を体言で終え，強調と余韻を生む。
⑩漢字とかなの使い分け	漢字と仮名をイメージに応じて使い分ける。
⑪タイポグラフィ	語句や行の配置の工夫で絵のように見せる。
⑫呼びかけ	読み手に呼びかける文体を用いて強く訴える。
⑬省略	続くであろう言葉を省略することで余韻を残す。

3 詩の表現技法をどう授業に組み込むか

　詩の技法は詩を味わうための視点でしかないため，**覚えたり見つけたりするだけで終わってしまっては授業が痩せてしまいます。**例えば金子みすゞの「わたしと小鳥とすずと」（光村図書３年）では「私が両手を広げても」「私がからだをゆすっても」と１連と２連に「対句」が使われていますが，そこに気付くだけでなく，対応する文を何度も声に出しながら類比や対比でとらえることで私―小鳥―鈴に対する作者の捉え方がイメージできます。また，鈴や小鳥の様子を擬人法で描いていることから，小さなものに対する作者の優しい眼差しに気付いていくこともできるのです。

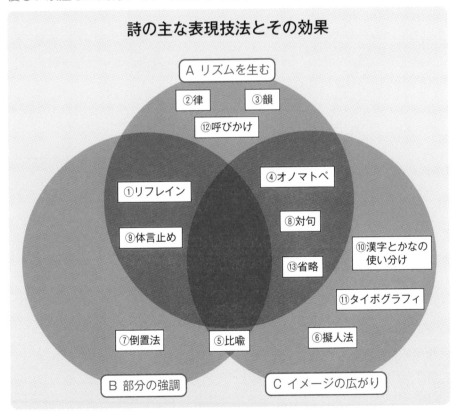

詩の主な表現技法とその効果

- A　リズムを生む
  - ②律
  - ③韻
  - ⑫呼びかけ
- ④オノマトペ
- ①リフレイン
- ⑧対句
- ⑨体言止め
- ⑩漢字とかなの使い分け
- ⑬省略
- ⑪タイポグラフィ
- ⑦倒置法
- ⑤比喩
- ⑥擬人法
- B　部分の強調
- C　イメージの広がり

45

詩の心を読む

1　詩の鑑賞のゴールとは？

　文学作品を読み深めることを「読解」と言いますが，詩の場合は「鑑賞」の方がしっくりきます。これは，**文学作品が言葉と言葉の論理的なつながりで物語が進むのに対して，詩は言葉と言葉のイメージのつながりや広がりで作者の思いを伝えている**ためです。ですから，詩の鑑賞において，読み手は詩の言葉から想像を広げ，**作者の見方・考え方・捉え方といった「詩の心」**に近づくことを目標にする必要があります。

2　詩の心を捉える過程

①**イメージを創りながら自由に読む**
　「面白さ」や「分からなさ」を感じつつ，自分なりのイメージをもちます。
②**言葉と言葉の組み合わせからイメージをつなげる**
　それぞれの言葉のもつイメージがリズムによってどう調和や緊張，強調されているのかを，声に出して味わいながら確かめていきます。
③**連と連との流れからイメージを広げる**
　連ごとの文や言葉を対比や類比しつつ，全体のつながりや流れから見える作者の感情（思想）の高まりを感じていきます。
④**作者の詩の心にイメージを重ねながら読む**
　作者のもつ詩人の目には世界（人・モノ・こと）がどのように映っているのかを確かめ，感じた「詩の心」を言葉に表していきます。

3 詩の心の探究をどう授業に組み込むか

　金子みすゞの「積もった雪」を読むとしましょう。真っさらな気持ちで読むと，何となく寂しいような，それでも心が温かくなるような感じを受けます。その感情をもたらす源泉を探るため，まずは言葉同士のイメージをつなげます。すると5・5・12の音に乗せて届く「さむかろな」「さしていて」などの言葉のリズムが，雪の苦悩に心を寄せる作者の態度から表れていることに気付きます。続けて3つの連の流れを見てみると，上中下ではなく「上→下→中」という意図的な順番から，作者が中の雪に最も心を寄せていることが分かります。他者から気付かれない中の雪の寂しさに着目する詩人の目と，そこに込められた優しさが詩の心として伝わってくるはずです。

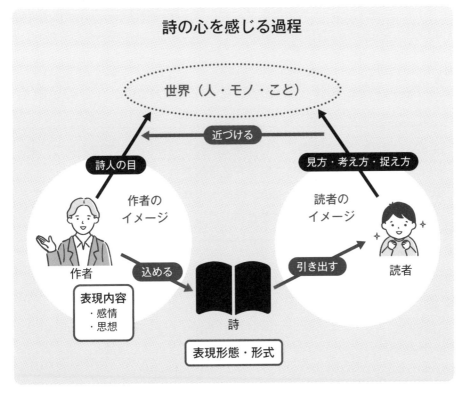

詩の心を感じる過程

世界（人・モノ・こと）

近づける

詩人の目

作者のイメージ

見方・考え方・捉え方

読者のイメージ

作者

込める

表現内容
・感情
・思想

詩

引き出す

読者

表現形態・形式

46

詩の鑑賞と創作を表裏一体で進める

1 詩の鑑賞と創作による相乗効果

　詩人の目が捉えた世界を，巧みな言葉で描いたものが詩なのですから，声に出して読むだけで何かしらの感情が呼び起こされるのは当然です。しかし，その詩と関連させながら自ら詩を創作する活動が加わることで，さらに深いレベルの作品の面白さに気付きます。それは，**作者の視座に立つことで「何が見えているのか」「言葉をどう選んだのか」**まで思いが膨らむからです。

2 詩の鑑賞と創作を組み合わせる2つの目的と4つの留意点

> 目的1：自身の創作体験により，詩人の創る詩がいかに言葉を選び，対象を的確に表現しているかを理解させる。
>
> 目的2：詩を創る喜びとともに，作品を人が読み，批評してくれる楽しみがあることに気付かせる。

　本単元において，
・詩の視点・テーマ・表現技法をどこまで読み取れればよいのか
・単元末に完成する創作詩に，どの表現技法が使われることを求めるのか
・子どもの「よい詩」のラインをどこまで引き上げるのか
・どの補助教材を用いれば，同一作者，同一テーマ，同一技法のよさを伝えられるのか

3 詩の鑑賞と創作をどう授業に組み込むか

　工藤直子の「のはらうた」を題材に，「オリジナルのはらうた」を創作する言語活動は多くの教室で実践されています。ただ，授業者に「ことばの力」を高めるという視点がないと，詩に触れて創作を体験したという思い出しか残りません。

　例えば，詩を書く力を育みたいのであれば，数編の「のはらうた」を読み，それぞれの詩で設定された語り手とモチーフの組み合わせを捉え，その面白さを生かして創作することを子どもに求めることになります。「のはらうた」と出合う前に，語り手を限定した詩を試作させると「こんな発想があるんだ！」という気付きにつながり，さらに高い効果が期待できます。

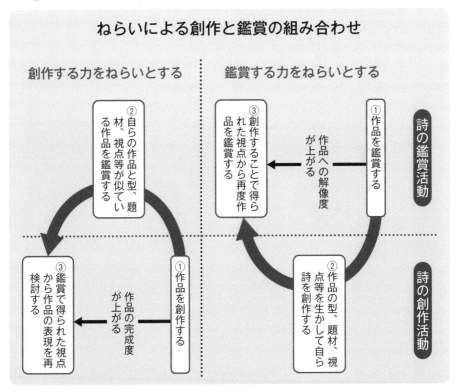

ねらいによる創作と鑑賞の組み合わせ

創作する力をねらいとする　　**鑑賞する力をねらいとする**

①作品を鑑賞する

作品への解像度が上がる

②自らの作品と型，題材，視点等が似ている作品を鑑賞する

③創作することで得られた視点から再度作品を鑑賞する

詩の鑑賞活動

①作品を創作する

作品の完成度が上がる

②作品の型，題材，視点等を生かして自ら詩を創作する

③鑑賞で得られた視点から作品の表現を再検討する

詩の創作活動

第8章 言語事項の指導

47

漢字指導を知的にする

1 漢字はネットワークの一部として把握する

　新出漢字の指導ではこれまで，①筆順②音読み・訓読み③部首④画数⑤熟語といった漢字を支える諸要素の理解と，読み書きの反復学習に重きが置かれてきました。もちろん漢字入門期の低学年であれば，まずは単漢字を覚えることを優先すべきです。しかし，**漢字の習得数が増え，熟語単位での読み書きが中心となる中学年以降では，複数の漢字を関連付け，体系立てる視点を取り入れることで，より知的な学びを構築することが大切**になります。

2 漢字をネットワーク化する切り口

①意味の類似に着目する

　訓読みは和語を基にしているため，漢字の意味につながります。同じく漢字の属性や意味合いを示す部首と組み合わせて覚えます（例：「結」は「糸」を「むすぶ」ことを意味する）。また熟語の意味の類似にも気付かせます。

②音の類似に着目する

　音読みは漢語を基にしているため，漢字の記号としての音につながります。同じく音符の働きをする「つくり」と照らし合わせて覚えます（例：「結」の「ケツ・ケチ」は「吉」の「キツ・キチ」と似ている）。

③形の類似に着目する

　「木」「末」「未」「本」のように，形が似ている漢字は違いを明確にした上で，セットにして覚えます。

3 漢字のネットワーク化をどう授業に組み込むか

　次から次へと出てくる新出漢字を，子どもが既習漢字のネットワークに位置付けられるよう，変化のあるルーティンを心がけていきましょう。例えば「"結"の部首は？」「糸へん！」という定型的なやりとりの後に「他に糸へんの漢字は何がある？」と問い返して「絵」「給」「級」のように書き並べた後，「あれ？　どれも糸に関係ないよ」と投げかけると，自ら辞書を調べて意味付け始める姿が生まれるでしょう。また，「末期」「末尾」「末子」「始末」のように「末」を使った熟語を書くいつもの活動の後，「それぞれの意味を隣の人と確認してみよう」と促すと，共通する「終わり・端」といった意味が見えてくるはずです。

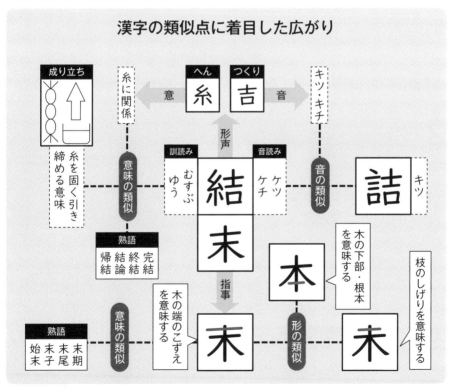

漢字の類似点に着目した広がり

48

言葉の指導に納得を生む

1 小学校における文法指導

　中学校の文法指導は大きく「文節と文の成分」「単語と品詞の役割」に２分されます。ここにつながるように，小学校では「主述の関係」「修飾・被修飾の関係」「指示語」「接続語」などを系統立てて学んでいくことが必要です。しかし，日常的に何不自由なく使っている（と思っている）日本語の文をあらためて機能の面から捉えなおす文法の学習は，子どもにとって面倒で分かりにくいものです。**「全体と部分を常に把握できるように」「モデルを使って捉えやすく」する手立てを講じることで，納得を生み出しましょう。**

2 文法指導のモデル例３種

　発達段階と扱う内容に応じて，以下のようなモデルを使い分けましょう。
①主語と述語の重要性を強調する（文ロボ）
　低学年に主語は文の頭，述語は文の足という基本要素をイメージさせる上でロボットの形は有効です。頭と足の間に体の部品（修飾語）が入ります。
②主語と述語のつながりを強調する（文ワニ）
　中学年になると一文が長くなり，主述の関係が見えにくくなる場合が増えます。そこで，主語と述語をワニの上顎下顎に分けた図を使います。
③修飾・被修飾の関係を強調する（文竹）
　高学年で一文中の単語のつながりを示す時に「文図」はとても有効です。その中心となる主述を竹の節に当てはめたものがこのモデルになります。

3 文法指導をどう授業に組み込むか

　小学6年で行う「文の組み立て」を例にすると，まず導入で1文節に1枚ずつの短冊を提示します。最初は「ぼくは」「木を」「植えた」のような簡単な文がよいでしょう。次に主語の短冊の後ろにロボットの頭を重ねます。そして述語の短冊の後ろにロボットの足を重ねます。修飾語は胴体として，飾りの腕を付けておきましょう。この基本のロボットモデルができると，「木を」「植えた」「ぼくは」のような倒置法は頭が下に来るロボットに。「妹は」「花を」「ぼくは」「木を」「植えた」のような重文は2体のロボットがくっついた形で示すことになり，一気に文の構成のイメージが明確になります。

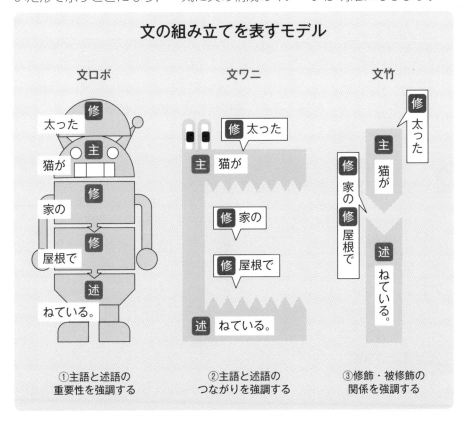

文の組み立てを表すモデル

文ロボ　　　　　文ワニ　　　　　文竹

①主語と述語の重要性を強調する　②主語と述語のつながりを強調する　③修飾・被修飾の関係を強調する

49

読書指導に継続性を生む

1　読書の質と量にレバレッジをかける

　読書量が多い子どもはことばの力も高いことは，我々教師の肌感覚として納得できるはずです。文部科学省の文化審議会答申で「読書は，国語力を構成している『考える力』『感じる力』『想像する力』『表す力』『国語の知識等』のいずれにもかかわり，これらの力を育てる上で中核となるものである。」と述べられていることもそれを裏付けています。しかし，読書量を増やすだけの取り組みでは，簡単に読める図鑑や絵本から飛び立てない子どもが出てくるだけです。**読解の授業の言語活動を見直し，読書の質と量の増大にてこ入れする視点をもちましょう。**

2　ねらいに応じた言語活動の発展

　「本の帯をつくる」「ポップをつくる」といった言語活動は物語の読解で学んだ内容や方法を生かすことに力点が置かれています。それに対して，読書の質と量の増大に力点を置く活動には以下のようなものがあります。
①パスファインダー
　もともとは資料を探す「調べ方案内」のことですが，これを子ども自身につくらせる活動です。テーマに応じて多くの本を読むことが求められます。
②読書数珠つなぎ
　1冊の本を紹介する「読書案内」ではなく，同一作者・テーマ・シリーズ・ジャンルなど複数の本を関連させながら魅力を伝える活動です。

3 読書指導と国語の授業をどう関連させるか

　例えば「固有種が教えてくれること」（光村図書5年）「イースター島にはなぜ森林がないのか」（東京書籍6年）といった地球環境に対する提言を含んだ説明文を読んだ後，「地球環境の○○を調べるためのパスファインダーづくり」という言語活動を提示します。SDGsや海洋破壊，絶滅危惧種などのテーマを設定した子どもは，関連する書籍を多数読み，調べ学習に使えるか使えないかを判断しなければなりません。使えると判断した複数の本については，内容のあらましと役立つ分野などをまとめ，リーフレットにしていきます。知らず知らずの内に読書の質と量が担保され，日常の読書によい影響を与えるだけでなく，他者のためにも役立つ活動となるでしょう。

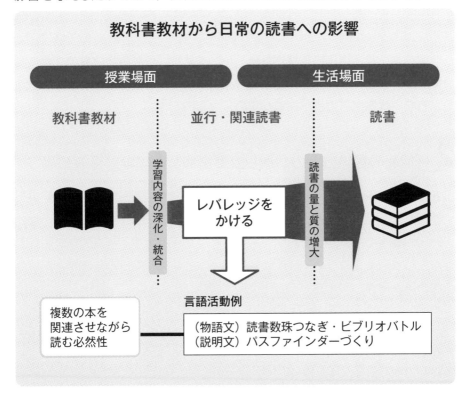

教科書教材から日常の読書への影響

授業場面		生活場面
教科書教材	並行・関連読書	読書

学習内容の深化・統合

レバレッジをかける

読書の量と質の増大

複数の本を
関連させながら
読む必然性

言語活動例
（物語文）読書数珠つなぎ・ビブリオバトル
（説明文）パスファインダーづくり

50

「情報の扱い方」を
ツールとして組み込む

1 「情報の扱い方」を意識する

　平成29年告示の学習指導要領では，新たに「情報の扱い方に関する事項」が加わりました。また指導することが増えたのかとがっかりしそうですが，文言をよく読むと，これまでわたしたちが当たり前に指導してきたことと，さほど変わりはないようです。例えば「説明文の段落構成の工夫」とまとめて言っていたものは，「事柄の順序」「理由や事例」「原因と結果」など，より明確な言葉で各学年に整理されました。つまり，**情報の扱い方のスキルを身につけさせるには，何が，どうできるようになることが目的なのかが分かるような，解像度を上げた指導が求められるのです。**

2 「情報の扱い方」の "取り立て指導" と "埋め込み指導"

①取り立て指導

　「思考ツールの使い方」「カードを用いたグルーピングとラベリング」など，１時間の授業を取り立てて，情報の扱い方を指導します。基礎的なスキルの理解をねらいとするため，学期の初めに行うと効果が期待できます。

②埋め込み指導

　説明文の読解や発表用プレゼンテーションの作成，レポート執筆など，「話す・聞く」「書く」「読む」の学びの中で，情報の扱い方を指導します。授業のねらいに迫りつつ，ツールとして情報の整理も行うため，意図的・計画的な指導が必要となります。

3 「情報の扱い方」をどう組み込むか

　物語文や説明文等の教材文は情報が一方向に進むだけなので，図や表で整理することでさらに理解が深まります。例えば「おおきなかぶ」の光村図書版と東京書籍版では，人物が場に登場する順番は同じなのに，引っ張る際に語られる順序が異なります。そこで，ペープサートを用いて整理させると違いが明確になるでしょう。また「ふきのとう」（光村図書２年）は「〜から〜できない。」という論理で，前半は結果から原因までさかのぼるように書かれていきます。しかし原因がはっきりすると後半は「〜すると〜になる。」という論理で一気に結果につながる展開を見せます。この前半と後半の流れを，矢印を用いて整理すると，物語全体を貫く論理的な展開の面白さに気付くことができるのです。

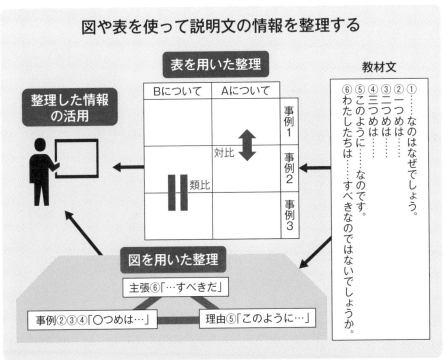

図や表を使って説明文の情報を整理する

整理した情報の活用

表を用いた整理

Bについて	Aについて
	事例1
対比	事例2
類比	事例3

教材文

①……なのはなぜでしょう。
②一つめは……
③二つめは……
④三つめは……
⑤このように……なのです。
⑥わたしたちは……すべきなのではないでしょうか。

図を用いた整理

主張⑥「…すべきだ」

事例②③④「〇つめは…」　　理由⑤「このように…」

51

ポイントを絞って語彙の拡充を図る

1 語彙の拡充を図る指導の焦点化

「小学校低学年の学力差の大きな背景に語彙の量と質の違いがある」という中教審の答申を受け，新指導要領では語彙指導の改善・充実が強調されています。だからと言って，辞書引きの時間を増やしたり，慣用句カードを作ったりするだけでは，教師も子どもも語彙が増えているという実感にはなかなかつながらないでしょう。大切なのは，**ターゲットとする語彙がどの理解度にあるのかを把握した上で指導法を変えること**です。「知ってる知ってる」と言いながら意味を知らない言葉，意味は知っていても作文では使わない言葉など，どのレベルの語彙を増やすのかを意識することが必要となります。

2 実態に応じた3つの指導ポイント

①語彙を「知る」方法
　・多彩なジャンルの読書を通して，生活場面では使わない語彙に触れる。
　・多様な年代の人との対話を通して，いろいろな言い方の違いに気付く。
②語彙が「分かる」方法
　・国語辞典を用いた意味調べを通して，言葉の正確な意味を捉える。
　・類語辞典を用いた言い換えを通して，言葉のニュアンスの違いを知る。
③語彙が「使える」方法
　・「ことば手帳」作りを通して，普段使わない言葉の活用を意識する。
　・特定語彙を用いた短文作りを通して，文脈に応じた使い方を意識する。

3 授業の中で語彙の拡充を図る

　例えば，日記を書かせるといつも「面白かったです」「楽しかったです」
で終わってしまう子どもに，他の言い回しがあることに気付いてほしい場合。
まずは「ことば手帳」作りから始めてはいかがでしょう。友だちの作文を読
む，図書館で物語を読む，教科書巻末のことば集を見るなどして，「すがす
がしい気持ちになりました」「心に残りました」など様々な書きぶりをたく
さん集めさせます。その後，それぞれのことばを用いた短文作りをさせるこ
とで，細かいニュアンスや，使う場面の違いに気付かせていくのです。「書
くこと」単元の導入で取り立てて行ったり，週末に日記を書かせているので
あればその交流の時間に行ったりすると，特定の場面で使える語彙を集中し
て増やすことができるはずです。

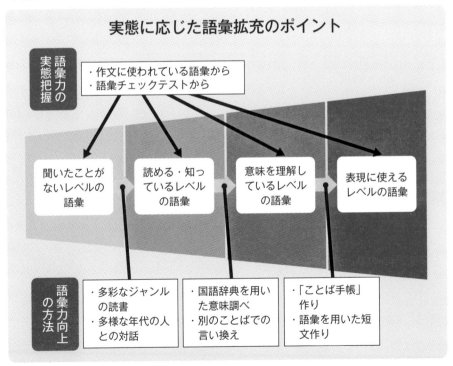

実態に応じた語彙拡充のポイント

おわりに

　わたしが国語教師として「図解」に重きを置くようになったきっかけは，間違いなく元筑波大学附属小学校（現桃山学院教育大学）の二瓶弘行先生が実践された，「作品の星座」にあります。教材について学んだこと，自らが考えたことを，余白なくびっしりと書き込んだ１枚の作品は，子どもの綺羅星のような学びが形づくられた，まさにその子だけの星座と言うべきものでした。それを見た同僚のほとんどが二瓶先生の指導技術や二瓶学級の学びのすばらしさについて語る中，わたしは学びを図解して可視化する視点の新しさに震えたのです。

　それから，国語の学びに関わるあらゆるものの図解を試みる日々が始まりました。「作品の星座」の追試に始まり，教材分析や板書，単元づくりや言語活動まで，これまで文章で表現していたものを，まずは図で描いてみるよう心がけたのです。

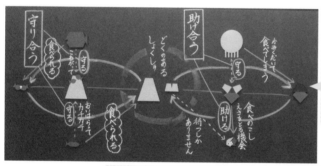

「ヤドカリとイソギンチャク」（東京書籍）と「サンゴの海の生きものたち」（光村図書）の比較（板書・2010年）

「ふきのとう」（光村図書2年）の場面ごとの変化を2層構造で図解したもの（板書・2016年）

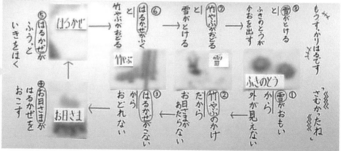

そんな「国語授業に図解をどう生かすか」ばかり考えていたわたしが，「国語授業を図解でどう説明するか」というコンセプトの本書を執筆することになったのは必然である，とほくそ笑みながら書き始めたのですが…。まさかこんなに苦労するとは。まずは自分の興味と実践の偏りに足をすくわれました。文学作品の読解はさくさく図解できたものの，「話すこと・聞くこと」領域は項目案も思いつかず，「書くこと」領域はうんうん唸りながら這いずるように書き進めました。また，自分がいかに感覚に頼って授業をしていたかも思い知りました。先行実践や理論を見比べながら自分なりに図にまとめつつも，これで良いのか，トンデモ本になってしまうのではないかと戦々恐々としながらぎりぎりまで悩み続けてできあがったのがこの本です。

　いくつか，謝辞を。
　生涯一人の国語教師であり続けようと心を決めたのは，二瓶弘行先生の授業を見たあの瞬間でした。なかなか感謝を形にする機会がないのですが，本当にありがとうございます。「夢の国語授業研究会」全国大会でお会いできることを楽しみにしております。
　ここ数年，教材研究と実践授業が充実しているのは，間違いなく関西国語授業研究会の仲間たちのおかげです。これからも，明るく，楽しく，激しい研究をよろしくお願いします。
　刊行に当たっては，明治図書の大江文武様に大変お世話になりました。締め切り間際の執筆にブーストがかかったのは，大江様の励ましのおかげです。

　国語の授業は難しくてよく分からない，つまらないと下を向いていたあなたが，この本をきっかけに少しでも面白い授業を創ってみようと顔を上げ，まずは矢印を描き始めてくれたならば，わたしはとても嬉しいです。

2023年3月

宍戸寛昌

参考文献

第1章　単元づくり

・全国大学国語教育学会編『新たな時代の学びを創る　中学校・高等学校国語科教育研究』東洋館出版社，2019年
・井上雅彦・青砥弘幸編著『初等国語科教育』ミネルヴァ書房，2018年
・波頭亮『論理的思考のコアスキル』筑摩書房，2019年

第2章　授業づくり

・田近洵一・井上尚美・中村和弘編『国語教育指導用語辞典　第五版』教育出版，2018年
・大槻和夫編集『国語科重要用語300の基礎知識』明治図書，2001年
・小林康宏『小学校国語「見方・考え方」が働く授業デザイン』東洋館出版社，2019年

第3章　話すこと・聞くことの指導

・内田剛『国語科における「話し合い」学習の理論と実践』ひつじ書房，2022年
・堀裕嗣『国語科授業づくり10の原理・100の言語技術　義務教育で培う国語学力』明治図書，2016年
・堀公俊『問題解決フレームワーク大全』日本経済新聞出版，2015年

第4章　書くことの指導

・二瓶弘行・青木伸生編著／国語"夢"塾『小学校国語　「書くこと」の授業技術大全』明治図書，2022年
・二瓶弘行編著／国語"夢"塾『どの子も鉛筆が止まらない！　小学校国語書く活動アイデア事典』明治図書，2016年

第5章　読むこと（説明的文章）の指導

・二瓶弘行・青木伸生編著／国語"夢"塾『小学校国語　説明文の授業技術大全』明治図書，2019年

・二瓶弘行・青木伸生編著／国語"夢"塾『小学校国語　説明文の発問大全』明治図書，2021年

・髙橋達哉・三浦剛『国語教師のための読解ツール10&24の指導アイデア』明治図書，2018年

第6章　読むこと（文学的文章）の指導

・遠藤嘉基・渡辺実『現代文解釈の基礎　新訂版』筑摩書房，2021年

・二瓶弘行，青木伸生編著／国語"夢"塾『小学校国語　物語文の発問大全』明治図書，2020年

・二瓶弘行，青木伸生編著／国語"夢"塾『小学校国語　物語文の授業技術大全』明治図書，2019年

・松本修・西田太郎編著／玉川国語教育研究会他『その問いは，物語の授業をデザインする』学校図書，2018年

・二瓶弘行『二瓶弘行　物語の教材研究　令和完全版』明治図書，2021年

・谷内卓生『新・読解力向上「自力読み」ベースの国語授業リノベーション』東洋館出版社，2019年

第7章　読むこと（詩）の指導

・白石範孝編著『国語授業を変える「用語」』文溪堂，2013年

第8章　言語事項の指導

・関西国語授業研究会編著『『365日の全授業』DX　小学校国語』明治図書，2022年

・佐藤佐敏・門島伸佳編著『中学校国語　指導スキル大全』明治図書，2022年

【著者紹介】
宍戸 寛昌（ししど ひろまさ）

1972年福島県生まれ。1994年より教職に就き，福島県公立小学校教諭，国立大学附属小学校を経て，2015年から立命館小学校に勤務。立命館大学教職大学院を修了し，現在立命館中学校・高等学校に勤務。関西国語授業研究会，夢の国語授業研究会理事。日本国語教育学会，日本学級経営学会，立命館大学実践教育学会会員。編著に『365日の全授業　小学校国語　2年上・下』『365日の全授業』DX　小学校国語』（明治図書）。共著に『授業で育てる学級経営』『先生のためのリフレーミング大全』（明治図書）『失敗から学ぶ』（東洋館出版社）他。

図解　国語の授業デザイン
深い学びの基礎をつくる51の教養

2023年4月初版第1刷刊	©著　者	宍　戸　寛　昌
	発行者	藤　原　光　政
	発行所	明治図書出版株式会社

http://www.meijitosho.co.jp
（企画）大江文武（校正）奥野仁美
〒114-0023　東京都北区滝野川7-46-1
振替00160-5-151318　電話03(5907)6702
ご注文窓口　電話03(5907)6668

＊検印省略　　　　　　組版所　広　研　印　刷　株　式　会　社

本書の無断コピーは，著作権・出版権にふれます。ご注意ください。

Printed in Japan　　　　　　ISBN978-4-18-252122-5

もれなくクーポンがもらえる！読者アンケートはこちらから